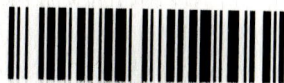

QINHEFENGYUN ZHANZHENGWANGSHI

沁河风韵系列丛书 主编|行 龙

# 战争往事

## 沁河流域的动荡岁月

郝 平|著

山西出版传媒集团·山西人民出版社

**图书在版编目（CIP）数据**

战争往事：沁河流域的动荡岁月／郝平著．—太原：山西人民出版社，2016.7
（沁河风韵系列丛书／行龙主编）
ISBN 978－7－203－09585－9

Ⅰ．①战… Ⅱ．①郝… Ⅲ．①革命史－史料－山西省 Ⅳ．①K292.5

中国版本图书馆 CIP 数据核字（2016）第 101269 号

**战争往事：沁河流域的动荡岁月**

---

**丛书主编**：行　龙
**著　　者**：郝　平
**责任编辑**：王新斐

---

**出 版 者**：山西出版传媒集团·山西人民出版社
**地　　址**：太原市建设南路 21 号
**邮　　编**：030012
**发行营销**：0351—4922220　4955996　4956039　4922127（传真）
**天猫官网**：http：//sxrmcbs.tmall.com　电话：0351—4922159
**E—mail**：sxskcb@163.com　发行部
sxskcb@126.com　总编室
**网　　址**：www.sxskcb.com

---

**经 销 者**：山西出版传媒集团·山西人民出版社
**承 印 者**：山西出版传媒集团·山西新华印业有限公司

---

**开　　本**：720mm×1010mm　1/16
**印　　张**：11.25
**字　　数**：200 千字
**印　　数**：1－1600 册
**版　　次**：2016 年 7 月　第 1 版
**印　　次**：2016 年 7 月　第 1 次印刷
**书　　号**：ISBN 978－7－203－09585－9
**定　　价**：40.00 元

---

风韵是那前代流传至今的风尚和韵致。

沁河是山西的一条母亲河。

沁河流域有其特有的风尚和韵致，

那悠久而深厚的历史文化传统至今依然风韵犹存。

这里是中华传统文明的孵化地，

这里是草原文化与中原文化交流的过渡带，

这里有闻名于世的北方城堡，

这里有相当丰厚的煤铁资源，

这里有山水环绕的地理环境，

这里更有那独特而深厚的历史文化风貌。

由此，我们组成“沁河风韵”学术工作坊，

由此，我们从校园和图书馆走向田野与社会，

走向风光无限、风韵犹存的沁河流域。

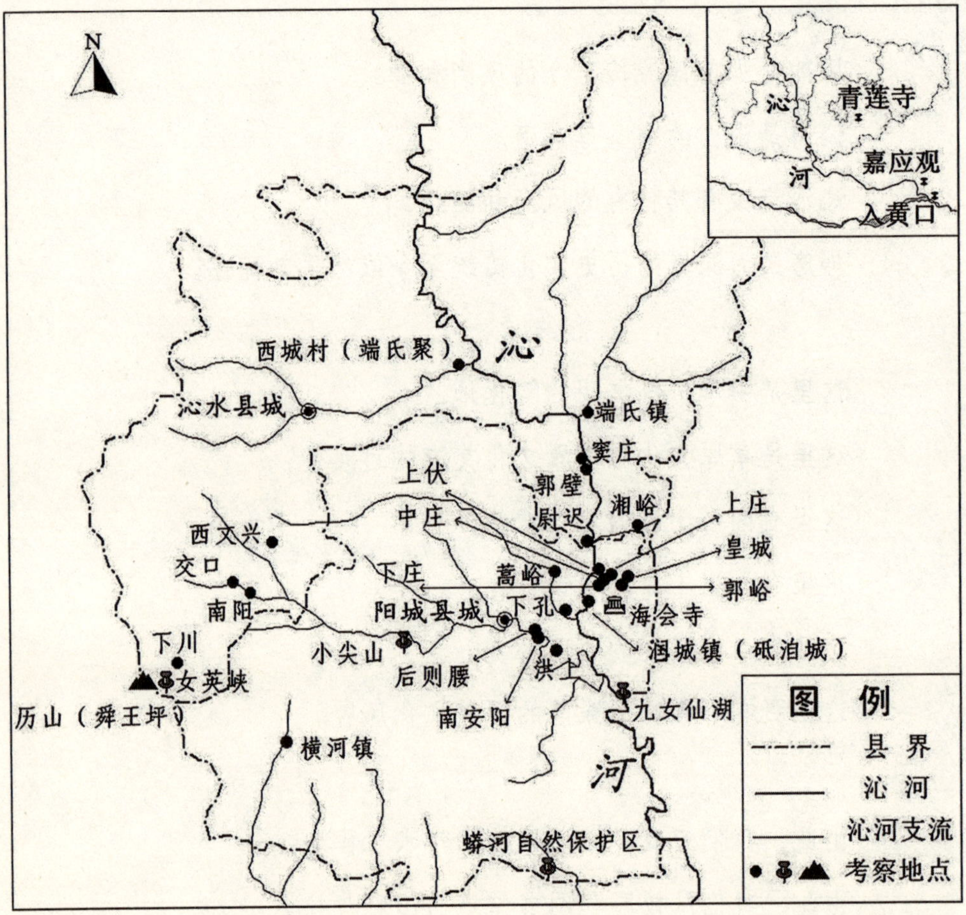


"沁河风韵学术工作坊"集体考察地点一览图（山西大学中国社会史研究中心　李嘎绘制）

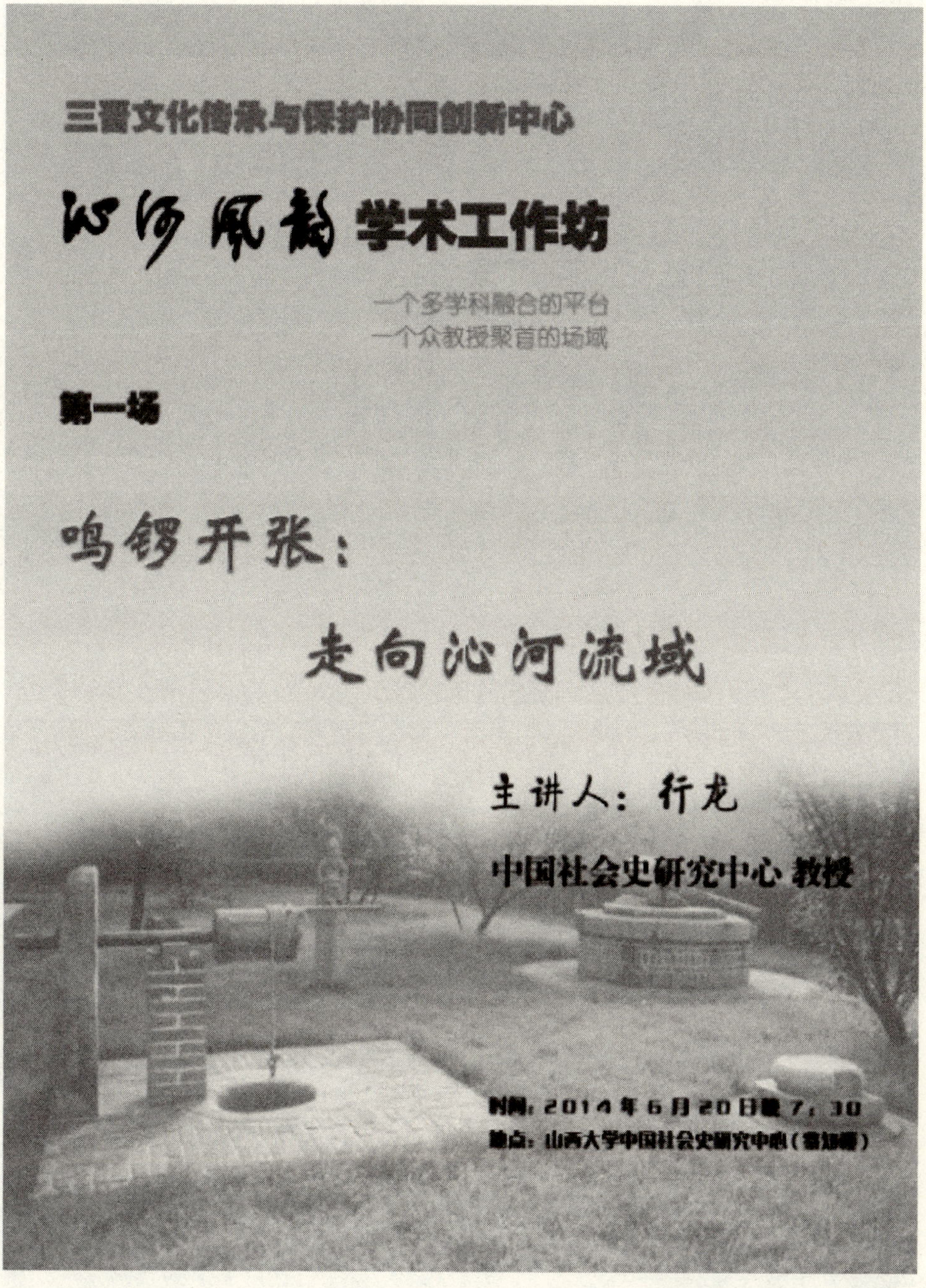


“沁河风韵学术工作坊”海报

田野考察

会议讨论

# 总　序

行　龙

“沁河风韵”系列丛书就要付梓了。我作为这套丛书的作者之一，同时作为这个团队的一分子，乐意受诸位作者之托写下一点感想，权且充序，既就教于作者诸位，也就教于读者大众。

“沁河风韵”是一套31本的系列丛书，又是一个学术团队的集体成果。31本著作，一律聚焦沁河流域，涉及历史、文化、政治、经济、生态、旅游、城镇、教育、灾害、民俗、考古、方言、艺术、体育等多方面，林林总总，蔚为大观。可以说，这是迄今有关沁河流域学术研究最具规模的成果展现，也是一次集中多学科专家学者比肩而事、“协同创新”的具体实践。

说到“协同创新”，是要费一点笔墨的。带有学究式的“协同创新”概念大意是这样：协同创新是创新资源和要素的有效汇聚，通过突破创新主体间的壁垒，充分释放彼此间人才、信息、技术等创新活力而实现深度合作。用我的话来说，就是大家集中精力干一件事情。教育部2011年《高等学校创新能力提升计划》（简称“2011计划”）提出，要探索适应于不同需求的协同创新模式，营造有利于协同创新的环境和氛围。具体做法上又提出“四个面向”：面向科学前沿、面向文化传承、面向行业产业、面向区域发展。

在这样一个背景之下，2014年春天，山西大学成立了“八大协同创新中心”，其中一个是由我主持的“三晋文化传承与保护协同创新中心”。在2013年11月山西大学与晋城市人民政府签署战略合作协议的基础上，在征求校内外多位专家学者意见的基础上，我们提出了集中校内外多学科同人对沁河流域进行集体考察研究的计划，“沁河风韵学术工作坊”由此诞生。

风韵是那前代流传至今的风尚和韵致。词有流风余韵，风韵犹存。

沁河是山西境内仅次于汾河的第二条大河，也是山西的一条母亲河。沁河流域有其特有的风尚和韵致：这里是中华传统文明的孵化器；这里是草原文化与中原文化交流的过渡带；这里有闻名于世的“北方城堡”；这里有相当丰厚的煤铁资源；这里有山水环绕的地理环境；这里更有那独特而丰厚的历史文化风貌。

横穿山西中部盆地的汾河流域以晋商大院那样的符号已为世人所熟识，太行山间的沁河流域却似乎是“养在深闺人不识”。与时俱进，与日俱新，沁河流域在滚滚前行的社会大潮中也在波涛翻涌。由此，我们注目沁河流域，我们走向沁河流域。

以“学术工作坊”的形式对沁河流域进行考察和研究，是由我自以为是、擅作主张提出来的。2014年6月20日，一个周五的晚上，我在中国社会史研究中心学术报告厅作了题为“鸣锣开张：走向沁河流域”的报告。在事先张贴的海报上，我特意提醒在左上角印上两行小字“一个多学科融合的平台，一个众教授聚首的场域”，其实就是工作坊的运行模式。

“工作坊”（workshop）是一个来自西方的概念，用中国话来讲就是我们传统上的“手工业作坊”。一个多人参与的场域和过程，大家在这个场域和过程中互相对话沟通，共同思考，调查分析，也就是众人的集体研究。工作坊最可借鉴的是三个依次递进的操作模式：首先是共同分享基本资料。通过这样一个分享，大家有了共同的话题和话语可供讨论，进而凝聚共识；其次是小组提案设计。就是分专题进行讨论，参与者和专业工作者互相交流意见；最后是全体表达意见。就是大家一起讨论即将发表的成果，将个体和小组的意见提交到更大的平台上进行交流。在6月20日的报告中，“学术工作坊”的操作模式得到与会诸位学者的首肯，同时我简单介绍了为什么是“沁河流域”，为什么是沁河流域中游沁水—阳城段，沁水—阳城段有什么特征等问题，既是一个“抛砖引玉”，又是一个“鸣锣开张”。

在集体走进沁河流域之前，我们特别强调做足案头工作，就是希望大家首先从文献中了解和认识沁河流域，结合自己的专业特长初步确定选题，以便在下一步的田野工作中尽量做到有的放矢。为此，我们专门请校图书馆的同志将馆藏有关沁河流域的文献集中在一个小区域，意在大家“共同分享基本资料”，诸位开始埋头找文献、读资料，校图书馆和各院系及研究所的资料室里，出现了工作坊同人伏案苦读和沉思的身影。我们还特意邀请对沁河流域素有研究的资深专家、文学院沁水籍教授田同旭作了题为“沁水古村落漫谈”的学术报告；邀请中国社会史研究中心阳城籍教授张俊峰作了题为“阳城古村落历史文化刍议”的报告。经过这样一个40天左右“兵马未动，粮草先行”的过程，诸位都有了一种“才下眉头，又上心头”的感觉。

2014年7月29日，正值学校放暑假的时机，也是酷暑已经来临的时节，山西大学“沁河风韵学术工作坊”一行30多人开赴晋城市，下午在参加晋城市主持的简短的学术考察活动启动仪式后，又马不停蹄地赶赴沁水县，开始了为期10余天的集体田野考察活动。

“赤日炎炎似火烧，野田禾稻半枯焦。”虽是酷暑难耐的伏天，但“沁河风韵学术工作坊”的同人还是带着如火的热情走进了沁河流域。脑子里装满了沁河流域的有关信息，迈着大步行走在风光无限的沁河流域，图书馆文献中的文字被田野考察的实情实景顿时激活，大家普遍感到这次集体田野考察的重要和必要。从沁河流域的“北方城堡”窦庄、郭壁、湘峪、皇城、郭峪、砥洎城，到富有沁河流域区域特色的普通村庄下川、南阳、尉迟、三庄、下孔、洪上、后则腰；从沁水县城、阳城县城、古侯国国都端氏城，到山水秀丽的历山风景区、人才辈出的海会寺、香火缭绕的小尖山、气势壮阔的沁河入黄处；从舜帝庙、成汤庙、关帝庙、真武庙、河神庙，到土窑洞、石屋、四合院、十三院；从植桑、养蚕、缫丝、抄纸、制铁，到习俗、传说、方言、生态、旅游、壁画、建筑、武备；沁河流域的城镇乡村，桩桩件件，几乎都成为工作坊的同人们入眼入心、切磋讨论的对象。大家忘记了炎热，忘记了疲劳，忘记了口渴，忘记了腿酸，看到的只是沁河流域的历史与现实，想到的只是沁河流域的文献与田野。我真的被大家的工作热情所感染，60多岁的张明远、上官铁梁教授一点不让年轻人，他们一天也没有掉队；沁水县沁河文化研究会的王扎根老先生，不顾年老腿疾，一路为大家讲解，一次也没有落下；女同志们各个被伏天的热火烤脱了一层皮；年轻一点的小伙子们则争着帮同伴拎东西；摄影师麻林森和戴师傅在每次考察结束时总会“姗姗来迟”，因为他们不仅有拍不完的实景，还要拖着重重的器材！多少同人吃上“藿香正气胶囊”也难逃中暑，我也不幸“中招”，最严重的是8月5日晚宿横河镇，次日起床后竟然嗓子痛得说不出话来。

何止是“日出而作，日入而息”，不停地奔走，不停地转换驻地，夜间大家仍然在进行着小组讨论和交流，似乎是生怕白天的考察收获被炙热的夏夜掠走。8月6日、7日两个晚上，从7点30分到10点多，我们又集中进行了两次带有田野考察总结性质的学术讨论会。

8月8日，满载着田野考察的收获和喜悦，“沁河风韵学术工作坊”的同人们一起回到山西大学。

10余天的田野考察既是一次集中的亲身体验，又是小组交流和“小组提案设计”的过程。为了及时推进工作进度，在山西大学新学期到来之际，8月24日，我们召开了“沁河风韵学术工作坊”选题讨论会，各位同人从不同角度对各选题进行了讨论交流，深化了对相关问题的认识，细化了具体的研究计划。我在讨论会上还就丛书的成书体例和整体风格谈了自己的想法，诸位心领神会，更加心中有数。

与此同时，相关的学术报告和分散的田野工作仍在持续进行着。为了弥补集体考察时因天气原因未能到达沁河源头的缺憾，长期关注沁河上游生态环境的上官铁梁教授及其小组专门为大家作了一场题为“沁河源头话沧桑”的学术报告。自8月27日到9月18日，我们又特意邀请三位曾被聘任为山西大学特聘教授的地方专家就沁河流域的历史文化作报告：阳城县地方志办公室主任王家胜讲“沁河流域阳城段的文化密码”；沁水县沁河文化研究会副会长王扎根讲“沁河文化研究会对沁水古村落的调查研究”；晋城市文联副主席谢红俭讲“沁河古堡和沁河文化探讨”。三位地方专家对沁河流域历史文化作了如数家珍般的讲解，他们对生于斯、长于斯、情系于斯的沁河流域的心灵体认，进一步拓宽了各选题的研究视野，同时也加深了相互之间的学术交流。

这个阶段的田野工作仍然在持续进行着，只不过由集体的考察转换为小组的或个人的考察。上官铁梁先生带领其团队先后七次对沁河流域的生态环境进行了系统考察；美术学院张明远教授带领其小组两赴沁河流域，对十座以上的庙宇壁画进行了细致考察；体育学院李金龙教授两次带领其小组到晋城市体育局、武术协会、老年体协、门球协会等单位和古城堡实地走访；政治与公共管理学院董江爱教授带领其小组到郭峪和皇城进行深度访谈；文学院卫才华教授三次带领多位学生赶去参加“太行书会”曲艺邀请赛，观看演出，实地采访鼓书艺人；历史文化学院周亚博士两次到晋城市图书馆、档案馆、博物馆搜集有关蚕桑业的资料；考古专业的年轻博士刘辉带领学生走进后则腰、东关村、韩洪村等瓷窑遗址；中国社会史研究中心人类学博士郭永平三次实地考察沁河流域民间信仰；文学院民俗学博士郭俊红三次实地考察成汤信仰；文学院方言研究教授史秀菊第一次带领学生前往沁河流域，即进行了20天的方言调查，第二次干脆将端氏镇76岁的王小能请到山西大学，进行了连续10天的语音词汇核实和民间文化语料的采集；直到2015年的11月份，摄影师麻林森还在沁河流域进行着实地实景的拍摄，如此等等，循环往复，从沁河流域到山西大学，从田野考察到文献理解，工作坊的同人们各自辛勤劳作，乐在其中。正所谓“知之者不如好之者，好之者不如乐之者”。

2015年5月初，山西人民出版社的同志开始参与“沁河风韵系列丛书”的有关讨论会，工作坊陆续邀请有关作者报告自己的写作进度，一面进行着有关书稿的学术讨论，一面逐渐完善丛书的结构和体例，完成了工作坊第三阶段“全体表达意见”的规定程序。

“沁河风韵学术工作坊”是一个集多学科专家学者于一体的学术研究团队，也是一个多学科交流融合的学术平台。按照山西大学现有的学院与研究所（中心）计，成员遍布文学院、历史文化学院、政治与公共管理学院、教育学院、体育学院、美术学院、环境与资源学院、中国社会史研究中心、城乡发展研究院、体育研究所、方言研究所等十几个单位。按照学科来计，包括文学、史学、政治、管理、教育、体育、美术、生态、旅游、民俗、方言、摄影、考古等十多个学科。有同人如此议论说，这可能是山西大学有史以来最大规模的、真正的一次学科交流与融合，应当在山西大学的校史上写上一笔。以我对山大校史的有限研究而言，这话并未言过其实。值得提到的是，工作坊同人之间的互相交流，不仅使大家取长补短，而且使青年学者的学术水平得以提升，他们就“沁河风韵”发表了重要的研究成果，甚至以此申请到国家社科基金的项目。

“沁河风韵学术工作坊”是一次文献研究与田野考察相结合的学术实践，是图书馆和校园里的知识分子走向田野与社会的一次身心体验，也可以说是我们服务社会，服务民众，脚踏实地，乐此不疲的亲尝亲试。粗略统计，自2014年7月29日“集体考察”以来，工作坊集体或分课题组对沁河流域170多个田野点进行了考察，累计有2000余人次参加了田野考察。

沁河流域那特有的风尚和韵致，那悠久而深厚的历史文化传统吸引着我们。奔腾向前的社会洪流，如火如荼的现实生活在召唤着我们。中华民族绵长的文化根基并不在我们蜗居的城市，而在那广阔无垠的城镇乡村。知识分子首先应该是文化先觉的认识者和实践者，知识的种子和花朵只有回落大地才有可能生根发芽，绚丽多彩。这就是“沁河风韵学术工作坊”同人们的一个共识，也是我们经此实践发出的心灵呼声。

“沁河风韵系列丛书”是集体合作的成果。虽然各书具体署名，“文责自负”，也难说都能达到最初设计的“兼具学术性与通俗性”的写作要求，但有一点是共同的，那就是每位作者都为此付出了艰辛的劳作，每一本书的成稿都得到了诸多方面的帮助：晋城市人民政府、沁水县人民政府、阳城县人民政府给予本次合作高度重视；我们特意聘请的六位地方专家田澍中、谢红俭、王扎根、王家胜、姚剑、乔欣，特别是王扎根和王家胜同志在田野考察和资料搜集方面提供了不厌其烦的帮助；田澍中、谢红俭、王家胜三位专家的三本著述，为本丛书增色不少；难以数计的提供口述、接受采访、填写问卷，甚至嘘寒问暖的沁河流域的单位和普通民众付出的辛劳；田同旭教授的学术指导；张俊峰、吴斗庆同志组织协调的辛勤工作；成书过程中参考引用的各位著述作者的基本工作；山西人民出版社对本丛书出版工作的大力支持，都是我们深以为谢的。

# 绪 言

《山海经》云："谒戾之山，其上多松柏，有金玉。沁水出焉，南流注于河。"沁水，又名沁河，是山西境内除汾河之外黄河的第二大支流，也是山西的一条母亲河。春秋时名少水，西汉则叫沁水，又称洎水。作为一条全长近五百公里的河流，沁河承载着千百年历史岁月的积淀，古老的沁河水或波涛汹涌，或潺潺细流，时如一位饱经沧桑的老者，讲述着过往一段段荡气回肠的沧桑往事；时如一位翩翩起舞的少女，展示着今日一幕幕生机勃勃的动人场景。

作为古代沁水、阳城二县地方志中记载的八景之一，"沁渡秋风"、"沁渡扁舟"曾吸引着历史上无数的文人雅士流连忘返、啧啧称赞，并留下了不少驾舟泛波于沁河之上的美丽诗文：

沁水河边古渡口，往来不断送行舟。
垂杨两岸微风动，数点眠沙起白鸥。

这是明代官员王徽笔下春日泛舟沁河的场景，渡口人潮涌动，两岸杨柳拂面，远处白鸥啼鸣，好一派沁河风韵！

东风生春色，流光入河水。
我行荦确间，爱此林壑美。
青山破雾排，绿杨掠波起。
东西野人居，历历无远迩。
欲比桃花源，鸡犬长子孙。
樵歌与牧声，沿流上藤蔂。

何处一声钟，逌然涤心耳。

望望榼山门，河西白云里。

沁水县城杏河

这是清人洪世佺笔下的沁河风光，春风吹拂河面，沁河波光粼粼，岸边杨柳飘荡，深山云雾缭绕，乡民错落而居，乡间鸡犬相闻，樵牧彼此呼应，俨然桃源世界，即便相较于南方的江南水乡，沁河之美估计也不在其下，如此美景，其实仅仅是承平时期的沁河风光。在几千年的历史长河中，沁河所承载的却还有一幕幕的动荡岁月，今日散落于沁河两岸的一个个如明珠般的古堡建筑和战争遗址，就是沁河流域在过往的动荡岁月中所留下的历史“遗产”，正是这些名扬后世的古堡和遗迹，让我们可以真实地触摸和感受到沁河流域的动荡岁月。

既然是写沁河流域的动荡岁月，那就有必要对本书所涉及的核心概念加以厘定和说明。

首先是“沁河流域”。流域是地理学上的一个概念，同时也是我们在进行研究时一种极为重要的观察视角。从源流上讲，《长治市志》言，沁河之源为今日长治市沁源县霍山东麓的二郎神沟，自此发源南下，蜿蜒穿过太岳山的崇山峻岭，再经临汾市安泽县，之后在沁水县官亭圪堆附近进入晋城市，经沁水、阳城、泽州三县入河南省，由河南省济源市五龙口出太行山至武陟县南贾村汇入黄河，全长485公里，流域面积达12900平方公里。从行政划属上而言，沁河自北向南流经山西省长治市沁源县、临汾市安泽县、晋城市沁水县、阳城县和泽州县；河南省济源市、焦作市武陟县，地跨两省五市七县区。其主要支流包含山西省境内的丹河、阳城河、端氏河、濩泽河和河南省境内的济河。从本书研究范围来看，主要将流经于山西省内的沁河作为研究的地域范围，兼涉河南省内的沁河流域，在行政区划上也主要是以山西省内的三市五县区作为研究对象。

其次是“动荡”二字。何为“动荡”？笔者以为，动荡乃是对社会局势或者民众生活状态不安定的一种描述。众所周知，山西向来有“表里山河”的美誉，作为山西自然地理单元中一个重要组成部分，沁河流域在历史的长河中也是一个具有重要战略地位的区域。根据本书的研究旨趣，我们将动荡划分为三类：一是直接的战火或灾害，即直接处在战争或灾害区域而引起的社会动荡，百姓颠沛流离；二是因战火或灾害波及而引起的社会局势不稳和民众生活困顿，从这个意义上讲，战争、灾害与动荡总是并存而共生的。无疑，战争本身会带来动荡，灾害也同样能够带来动荡，常言道大战之后必有大灾，尤其是在传统时代医疗条件、卫生意识和社会救助水平等低下的情况下，动乱之后往往伴随着的是瘟疫、灾荒的发生，甚至于后者引起的恐慌和伤亡程度与前者相比有过之而无不及。三是与战争相关区域的动荡，意思是，沁河流域虽然并不作为战争的直接发生地或主战场，但由于其总体上处于战争区域的周遭地带，或是作为敌后战场，或是占据战争沿线的交通要道，或是作为战争的补给地。正是由于沁河流域在历史进程中的区域方位，由此而引发的社会动荡更是接连不断。

三是“岁月”，即沁河流域动荡往事的时段划分。经过对沁河流域战争的深入梳理和宏观把握，笔者以为可以对沁河流域的动荡岁月作如下划分和处理：

第一阶段是从战国长平之战到明末清初的农民起义，主要战事分为三个，分别是长平之战、宋金太行忠义军助岳飞抗金之战和明清之际的“流寇”之祸。

第二阶段是晚清民国时期的动乱和“匪患”，从太平军北伐到捻军作乱，从义和团起义到中原大战，以及一系列的匪患，正是这些动乱和“匪患”构成了沁河流域此一时期的动荡图景。

第三阶段是抗日战争时期沁河流域民众的抗日斗争。

从以上三个基本概念的解释中，基本可以看出笔者有关“沁河流域的动荡岁月”的研究构想，有关此点，将在本书的最后加以说明。

古语云“前事不忘，后事之师”，虽然今日的沁河流域已是一派莺飞草长的优美风光，但对于千百年来生活于这方沃土的民众而言，沁河流域也承载着他们对于动乱、战争、灾害的历史记忆，是今日的我们需要铭记与反思的。一切历史都是当代史，走进沁河流域的历史现场，回顾沁河流域的动荡岁月，一则是为了铭记历史，传承文化；二则是为了警示当代，教育世人；三则是为了服务地方，服务社会。“读万卷书，行万里路”，几个寒暑春夏，一路走来，探古访今，足遍樊山沁水，感受沁河风韵，这一切使我对沁河有了更为直观而深切的感悟。因此，有必要将发生在沁河流域的那些古往今来的动乱岁月稍加整理，为我们更好地解读沁河流域文化密码提供一把来自历史学的钥匙。

从长平之战时的屯城而驻到助岳飞抗金时的太行忠义，从明末清初的“流寇”过境到清末乱世的太平军、捻军纷扰，从军阀混战的动荡不安到全民抗日的太岳战场，“一村一堡寨”，处处皆历史。沁河以其宽厚广博的胸襟传承了我们民族源远流长的厚重历史和灿烂文化，书写着一部部传颂千秋的中华历史。

# 目　录

绪　言…………………………………………………………… 1

一、长平之战：孔道之间筑屯城…………………………………… 1

1. 韩亭献地 …………………………………………………… 2
2. 王龁攻城 …………………………………………………… 3
3. 廉颇坚守 …………………………………………………… 5
4. 赵括为将 …………………………………………………… 7
5. 逐鹿长平 ……………………………………………………12
6. 千秋往事 ……………………………………………………15

二、太行忠义：依山据险共抗金……………………………… 19

1. 金军南侵 ……………………………………………………22
2. 义结丹坪 ……………………………………………………24
3. 南阳村激战 …………………………………………………31
4. 忠义传千古 …………………………………………………35

三、兵燹之患：堡寨林立护村落……………………………… 39

1. 明清映像 ……………………………………………………40
2. 揭竿而起 ……………………………………………………49
3. “流寇”袭扰 ………………………………………………55
4. 官兵与流民 …………………………………………………59
5. 筑堡自卫 ……………………………………………………64

# CONTENTS


6. 瘟疫骤起 ……………………………………………………71

7. 劫后苍凉 ……………………………………………………72

四、此起彼伏：风云接踵扰沁河 …………………………… 85

1. 太平军临境 …………………………………………………86

2. “闹盐粮” …………………………………………………88

3. 西捻军过境 …………………………………………………93

4. 饥荒与匪患 …………………………………………………95

5. 阳城义和团 …………………………………………………97

6. 农民反增赋 ………………………………………………… 101

7. 洪汉军 ……………………………………………………… 102

8. 溃军为非作歹 ……………………………………………… 104

9. 民众抗匪 …………………………………………………… 106

五、同仇敌忾：抗日烽火耀太岳 …………………………… 109

1. 建立根据地 ………………………………………………… 110

2. 抗日运动 …………………………………………………… 112

3. 苦难记忆 …………………………………………………… 139

4. 难忘太岳战场 ……………………………………………… 143

主要参考文献 …………………………………………………… 149

写在结尾的话 …………………………………………………… 152

# 一、长平之战：孔道之间筑屯城

提及古堡，我们可能最先想到的是西欧中世纪的城堡，也有可能想到中国南北朝时期的坞堡、坞壁。汉字的“堡”是由“保”与“土”二字组合而成，意即用土筑成的以防卫保护为功用的建筑。《辞海》中解释，堡即指土筑的小城。其实早在两千多年前的沁河流域，早已有了这种因战乱而修筑的古堡，而促使中国历史走向大一统的关键一战——长平之战，便成为沁河古堡最早修筑的现实背景和历史考量。

湘峪古堡

## 1. 韩亭献地

战国时期是我国历史上一个动荡的时期，群雄并起、合纵连横，秦、赵两国无疑是其中的两个强者，秦国经商鞅变法而一跃成为关东六国之强敌，赵国经赵武灵王“胡服骑射”也成为关东强国，而长平之战的直接起因便是秦、赵两国对上党地区的争夺。

当时上党隶属于韩国，公元前262年（周赧王五十三年），秦国大将白起率兵攻打韩国，占领野王（今河南省沁阳市）。上党与韩国都城新郑的道路被切断，韩桓惠王派阳城君到秦国，想通过割让上党郡向秦国求和，但韩国的上党郡守冯亭不愿降秦，于是派人到赵国的都城邯郸，向赵国国君赵孝成王传信，愿意将上党郡17城献给赵国。赵孝成王则命平原君赵胜到上党接受土地，并封冯亭为华阳君，食邑3万户，原郡守冯亭认为自己已经不能为韩国誓死守上党，也就回绝了赵国的爵禄，上党地区便由赵国开始控制。秦国不甘于赵国得到上党，遂命左庶长王龁于公元前260年率兵攻打上党，赵国则派老将廉颇率军驻守长平，阻击王龁，秦赵两强倾国以决的长平之战就此拉开序幕。

### 2. 王龁攻城

众所周知，长平之战的主战场布置在今天的山西省高平市，那么和与之毗邻的沁河流域又有何关系呢？长久以来，由于籍载不详，有关长平之战秦赵双方的布防态势和行军路线一直是史学界长期争执的焦点。在靳生禾教授、谢鸿喜教授所著的《长平之战：中国古代最大战役之研究》一书中，我们可以看到两千多年前长平之战的战事经过及交战双方的布防态势。

根据靳、谢两位教授的研究，当年秦国左庶长王龁进攻上党、出兵长平的行军路线便是由秦国都城咸阳取水路东行，顺渭河东下，至河曲折北溯黄河，至汾阴折东溯汾河东下，至晋故都新田（今侯马市西），由新田东下越黄父（今山西翼城、沁水交界处乌岭关），进入了上党腹地，然后再经马邑（今山西沁水东）进抵沁河西岸，沿沁河南北布防，这就是秦军进军长平的东西通道。

王龁驻扎的地方便是沁河沿岸的端氏城（此指古端氏，即今西城村），端氏城地处梅河与沁河汇流之处。梅河“源出东乌岭东涧，东流三十余里，与梅谷沟合，故名梅河”，古端氏西南三十余里，便到了今天的端氏镇，端氏镇古为沁东名邑，往西北可直达东坞岭，正好是秦军进入沁水境内后向东的水路通道，端氏城沿沁河往南到达今天的端氏镇，又有端氏河（或曰“固县河”）——玉溪河一线自东北汇入，沿此线溯游而上可直抵空仓岭，然后出空仓岭攻击赵军，当年王龁正是利用古端氏与端氏城镇这一优越的地理位置向东进攻赵军的。

今端氏镇

关于“端氏城”，说起来也有些来头。据光绪《沁水县志》记载，“端氏聚，即三家迁晋军处，在县东四十五里西城”，由此可见，当年三家分晋，晋国国君被迁之所即为此地，这个事情发生于公元前359年，虽然晋君被迁，但总归是一国之君，给其安置一个舒适安逸之所还是应当的，也就是说，古端氏城至迟在公元前4世纪便已成为富甲一方的沁东名邑。需要指出的是，端氏城并非今天的端氏镇，当指今天沁水郑庄沁河西岸的西城村，但不知何时何故，西城之端氏，竟被换到了今天的端氏，这个地理、历史、文化之谜至今引人遐思。古西城端氏非今之端氏镇这一点，就连雍正年间曾任泽州知府的朱樟也混淆了，在其《观树堂诗集》中有《端氏城怀古》一诗，诗云：

言寻鹿路转林腰，深喜居民未寂廖。
百折溪泉收嫩堰，一犁寒雨立疏苗。
山遮岭北峰尤峻，水曝村南势渐骄。
城郊已开分晋阳，教人何处向椒聊。

身为知府的朱樟前来巡视，但他把三家迁晋君之古端氏误认为是今日之端氏镇，结果他不仅走错了路，还问错了人，进错了村。但是偶遇山中乡民正在此引山泉水浇地，看到庄稼长势旺盛，乡民生活安逸，不见寂寞忧愁，心中还是满心欢喜的。岁月流逝，斗转星移，古端氏城逐渐被人所遗忘，不仅三家迁晋君的地点已然混淆，而且古端氏作为长平之战时秦军驻军布防的重要战略位置更是少有人提及，明中叶文坛领袖、复古主义流派“前七子”代表李梦阳可算是一个例外。他的《空同集》中收录有《端氏城》一诗：

系马荒城下，空翠围峰峦。一闻端氏名，怀古生长叹。
忆昔晋茅土，珍重天王颁。大纲渐颓废，宗社寻凋残。
谁能有其国，三家赵韩魏。尝闻享世禄，况复叨其官。
勿使冠裳鬼，蒸尝血不餐。相与封其子，乃有尺土安。
乾坤互消长，日月跳弹丸。秦兵恣尽噬，列国同凄酸。
周鼎亦沦没，其余何以观。屹屹端氏城，秋菊还春兰。
上有云雾濛，下有苍葛盘。行人无限恨，夜深明月寒。

全诗从景入手，又以景收尾，从三家分晋、迁晋君于端氏提笔，倏忽上溯至周初成王以桐叶封弟之事，感叹春秋失序、礼崩乐坏；三家分晋，战国争雄。怎奈“乾坤互消长”，当年分晋、迁晋君于端氏的赵韩魏三家，最终被强秦一扫而合，唯剩下这“屹屹端氏城，秋菊还春兰”，给后人留下无限的深思。此处诗人便将三家迁晋君于端氏与秦国一扫天下合两事巧妙结合起来，既指出了古端氏厚重的历史地位，又突出了其在长平之战中的战略地位，可谓是视角独特，大气磅礴！

### 3. 廉颇坚守

公元前262年，当王龁率秦军在沁河西岸之端氏城集结完毕时，赵国老将廉颇同时也在空仓岭的东面布防，《史记·白起列传》载：“（秦昭王）四十七年……四月，龁因攻赵……六月，陷赵军，取二鄣四尉。七月，赵军筑垒壁而守之。秦又攻其垒，取二尉，败其阵，夺西垒壁。”行文至此，有必要将赵国在长平之战中的布防形势做一交代：

从靳、谢二人的研究情况来看，赵军在长平布置了三道防线，分别是空仓岭防线，为秦赵交战之初最早的防线；丹河防线，即依靠丹河两岸之山川阻隔构筑第二道屏障；百里石长城防线，即西起今高平丹朱岭（长平关），向东经羊头山，再经金泉山到陵川与壶关交界之马鞍壑处。如果说空仓岭（赵西垒）是赵的防御前哨，丹河是主阵地，那么百里石长城便是赵军的后路了。由此我们再读上文史料，便可知王龁率领的秦军首先将赵国的第一道防线给破除了，初战失利，老将廉颇屯驻今高平米山镇之大粮山，“坚壁以待秦”，打算通过坚守来拖垮远道而来的秦军，于是廉颇命人在大粮山上修筑“廉颇屯”，同时命人以沙子装袋，白天运上，夜晚运下，故意告诉秦军赵国军粮充沛，以打击舟车劳顿的秦军妄图速战速决的野心。

“秦数挑战，赵兵不出”，王龁几番骂战，老将廉颇只是按兵不动，这使王龁大为恼火，找个什么方法来鼓舞士气呢？赵军不是在大粮山设置粮仓吗，秦军也设，于是在空仓岭上，一座座粮仓随即设立起来，据雍正《泽州府志》载：“空仓山，县西南四十五里，接沁水县界。《县志》：‘右阻仓岭，即白起诡运米置仓于此，以给赵军。’”县志中记载空仓岭的粮仓是白起为诱骗赵军而设的，但就长平之战的整个推进过程来看，似乎是王龁更为准确，或许是出于显白而隐王的缘故，个中缘由，似乎已经是无史可稽了。

怎奈空仓岭为坚岭石壁，岭上多是石头，缺乏砂土，于是建起来的粮仓只能空荡荡的用锁锁上。粮仓落成之后，秦营有意识地组织士兵参观，炫耀他们粮食充裕，实力雄厚，以稳定士兵情绪，并虚张声势，极力向四处传播，以山对山，以仓对仓，和赵军所在的大粮山相对抗。不料此地突然连刮了几天大风，将秦军所建之粮仓尽行摧毁，空仓之实便显露无遗，之后，乡人因事命山，此地自此遂名空仓岭。

## 4. 赵括为将

随着王龁攻下赵之“西垒壁”后，秦赵之间的战争便进入了对峙时期。眼看长久之战必定是利赵弊秦，秦国无奈，只得派人使出了离间之计，掷重金让人在赵王面前诋毁廉颇，说“秦之所恶，独畏马服子赵括将耳，廉颇易与，且降矣。”赵王本来就对廉颇不仅打了败仗，而且还让军士死伤甚多非常不满，又恼怒廉颇在败仗之后竟然坚壁不出战，于是听信谗言，下令由赵奢之子赵括代替廉颇为将。

这边赵括代替廉颇为将的消息一出，秦王立即密令武安君白起为上将军，起赴上党，而原来的秦军统帅王龁降为尉裨将。一时间秦军也秘密地完成了将领的更替，同时严令“军中有敢泄武安君将者斩”。武安君白起进入上党腹地，那么其驻扎何处呢？在今天沿沁河南下的沁水、阳城交界处有个武安村，相传这就是当年白起进入沁水流域之后扎营之所。

武安村位于今天的沁水县嘉峰镇东南边陲，光绪《沁水县志》载：“武安城，即今武安村。白起侵赵，屯兵于此，故垒尚存。”武安城西临沁河，背倚峭壁，寨中还有地道与外界相通，地道口与寨门至今尚存，这或许可算作是中国历史上保存至今的最早的用兵地道了吧，具有很高的文物价值和历史文化价值，古往今来，无数文人墨客，但凡路经沁水道，总要来此瞻仰观看一番，前文提到的明中叶之文坛领袖、复古主义流派“前七子”代表李梦阳便是如此。

李梦阳是明朝弘治年间的进士，官至户部郎中，因反对宦官刘瑾而遭牢狱之灾，刘瑾倒后，李梦阳迁江西提学副使。李翰曾巡按陕西茶马，又任陕西按察使，二人有师生之谊。李梦阳受李翰之邀，赴陕途中，道经沁水，沿途一路观光赏景，途经沁河流域之时，更是被其沿岸优美的风光和厚重的历史古迹所吸引，留下了几首怀古诗作，除了前面的《端氏城》之外，尚有《马邑城》、《武安城》、《王离城》三首诗作，全部辑录于其《空同集》中。诗人笔下的武安城又是何等模样？

孤城突如块，据山瞰流水。谁能经营之，无乃秦白起。
东北连长平，遥遥数十里。想是击赵时，卜此御旌垒。
鸣鼓收降旗，一坑万人死。耀武恣暴君，贪功泣冤鬼。
白骨蔽丘原，霜风惨隐晦。进爵食武安，声名播青史。
迄今千百年，此城名尚尔。先王重民命，师行非得已。
何以纳来降，屠戮此蝼蚁。坐驱文武民，尽入虎狼齿。
春秋诛乱臣，功罪不相拟。善战服上刑，闻诸孟夫子。

诗文从武安城的地理战略形势谈起，武安城孤城如块，背山面水，其东北方向数十里便是长平之地，即赵国的空仓岭防线前沿，“想是击赵时，卜此御旌垒”点出了武安城之功用，既可以作为出战空仓岭的大本营，同时又作为秦军抵御赵军攻击的沁河防线上一个十分关键的据点，算得上是进可攻、退可守，正和今人之研究结论不谋而合。能够在此安军扎寨，恐怕也就只有白起这样的军事天才方能驾驭。诗文后半部分主要对白起当年坑杀四十万赵卒的做法予以鞭挞，这也是千百年来历代史学家、政论家对白起评价不高，对秦王朝则是指责大于肯定，称其为强秦、暴秦、虎狼之国云云的重要原因。

白起屯兵武安城后，由于赵括变守为攻，为确保自己立于不败之地，白起立即着手沿沁河南北建立秦军的防线。据靳、谢二人的研究，王龁在突破赵军的空仓岭防线之后，与赵军隔丹河对峙，如此，秦军也相应地布置了自己的三道防线，分别是沿丹河西沿山垒壁所设的丹河防线、空仓岭防线和沁河防线。

首先是丹河防线，此时赵军在丹河东沿与秦军隔岸对峙，据《水经·沁水注》引《上党记》所载“长平城在（上党）郡之南，秦垒在城西，二军共食流水，涧相去五里。秦坑赵众，收头颅筑台于垒中，因山为台，崔嵬桀起，今仍号之曰白起台。城之左右，沿山亘隰，南北五十许里，东西二十余里，悉秦、赵故垒，遗壁旧存焉。”这些故垒、遗壁，正是当年秦赵对阵的历史残留，时移世易，陵谷沧桑，当年发生在沁、丹沿

丹河风貌

岸的历史，今日又有几人记得？

其次是空仓岭防线。空仓岭防线本是赵军防御秦军所设的第一道防线，但随着王龁的突破，空仓岭防线反成为秦军的第二道防线，虽曰防线，实则秦赵双方并未在此建筑堡壁，只是想仰仗其易守难攻的地理形势阻击对方。

今日空仓岭高平关尚有明万历三十四年（1606）时任泽州知州贺盛瑞所立之《空仓岭建城记》碑刻，和其所写之《空仓岭城堡记》两文可以相互为证。《空仓岭建城记》碑文曰："高平、沁水之交有山曰空仓，考之典故，询之土人，盖秦白起诡运置仓以诒赵括之处云。山左峭壁，右陡涧，中线一路以通往来，巨盗出没其间，劫掠行旅，由来无一人得脱者。问之高平，则曰沁水界也；问之沁水，则曰高平界也。彼此互诿，不任司捕，盗之伏法者百无一二。"正是因为空仓岭地处两县交界地带，再加上险峻的地理形势，明时的空仓岭反而成为盗薮渊集之所，为了维护地方治安，保护过往行商旅客之安全，在知州贺某的主持下，开始在空仓岭修建城堡，正如其《空仓岭城堡记》一文中所写："取货如寄，积骨如丘，咫尺之地，不复有王法。谁司之牧，令民困虐至此，能逃其罪耶！余乃会两县，相地度形，请之当道，议设城堡，为安旅之计"，他并大胆预言，

"其造福于冀南者当不知其几"。空仓之城堡设，沁水、高平两地百姓从此安居乐业，再不受盗贼残害，这一预言在清代《沁水县志》中得到体现，空仓岭成为沁水县十景之一的"空仓晚照"，成为过往文人雅士所吟咏的对象，如明代弘治年间陕西左参议王徽在赴任途中途经空仓岭，便留下了一首《空仓晚照》：

远山晴色带斜晖，山下人家半掩扉。
村树乱鸣栖不定，数声樵唱隔林归。

诗人途经空仓岭，夕阳西下，众山皆暗，唯有处于群山之中的空仓岭独得余晖，远远望去，壮丽非凡。山中人家已掩扉入夜，山上打柴樵夫以为仍是白昼，一见群鸦归巢，才急忙相互招呼下山回家，一片山野宁谧之景。虽然诗作写于空仓岭建堡之前，但其时正当明朝历史上政治清明，社会也较为安定的时期，随着明末以来地方社会趋于动荡，空仓岭才会成为盗匪集聚之所，经过筑城堡之后，匪患渐息，地方百姓安居乐业，空仓岭才又以其绝美风光成为地方人士心目中之美景所在。从长平之战时期秦赵对峙的前沿阵地到明朝晚期成为盗匪所集之地，再到清代成为时人眼中之地方十景之一，同一个地理事物，在不同时代人们心目中却有着完全不同的意象，使人不得不感叹，时光易老，岁月如梭，最终或许只有这空仓晚景才会向后人默默诉说着过往的一切。

最后是沁河防线。沁河防线是以端氏为中心，沿沁河之南北走势所设的防线。此线沿河由西北迤东南约40公里，有文献记载和传说与长平之战有关的地名，由端氏城以北依次有孔壁、郎壁、王离城（王壁）、大（dài）将、运粮滩、马沟等；以南有秦河、秦庄（秦村）、武安、屯城等。另外还见"马踏营，在马家坪，俗传白起阅马处"，"马邑城，今名马圈沟，在县东二十里，马邑村，白起牧马处"，这些地名，几乎都与武安君白起有所关联。

有关沁河沿线的布防形势，明万历四十年（1612）《潞安府志》修撰者之一、曾任明朝户部主事一职的周一梧曾有过一段评述，兹摘录如下：

《论白起营垒》：潞泽之交，横贯一山，起丹朱岭，至马鞍壑，有古长城一道，岁久倾颓，遗迹尚在。登高望之，宛然联络，中有营垒，士人谓梁、晋交兵时筑。陵川又名山为秦岭，谓秦时筑。以事考之，则长平之役，秦人遮绝救兵乃刍饷而筑也。又计石城百里，非假以岁月不易成。盖尝循沁河之滨，当绝险之地。有城二，北曰武安，南曰屯城，皆白起屯兵之所。左山右水，进退有据，其去长平尚百余里。屯其大兵于此，越数险而擒薙劲敌，俾无焦类。夫以四十万众，既当其锋，又绝其后，又宿重兵于别所，布置得宜，阴阳互用，吾事自办，敌安知吾之多寡哉！吾观武安君之行营部阵，而信其能成于顷刻也。即秦王不亲至河内发民十五以上赴长平，武安亦足以自办矣。其残忍刻薄固不足取，而奇正倚伏，则信其为卓然千古之名将。

由此可见，当年白起置重兵于沁河两岸，便在战略上占据了先机，真正使自己达到了立于不败之地的战略目标，另有说法说沁河防线本是王龁

沁河风貌

所构建，但不论事实如何，当年秦军沿沁河建堡设防则是肯定的了。

当武安君安排好沁河沿线的布防任务之后，另外一边赵军主帅赵括则一改老将廉颇坚壁不出、以逸待劳的策略，改为向秦军积极主动发起进攻，“秦军佯败而走，张二奇兵以劫之。赵军逐胜，追到秦壁。壁坚拒不得入，而秦奇兵二万五千人绝赵军后，又一军五千骑绝赵壁间，赵军分而为二，粮道绝”，长平之战遂进入最后的决战阶段。

## 5. 逐鹿长平

武安君白起作为秦国的“常胜将军”，他根据秦赵双方的布阵形势及长平地区的地理条件，制定了长平之战决战阶段的大规模围歼作战计划，一是示弱于敌而诱敌深入；二是断敌后援，使其腹背受敌；三是围而不歼，困而胜之。

决战开始，赵括首先下令让赵军进攻丹河西岸的秦军壁垒，赵军得胜，但这只是白起的诱敌深入之策，待到赵军的注意力转移到丹河西岸之后，丹河东岸的布防便有机可乘，这是决战进程的第一步。

“秦奇兵二万五千人绝赵军后”，所谓赵军后方，就是赵军的石长城一线，白起命令一支由25000人组成的部队东北溯端氏河—玉溪河一线，绕到赵军的石长城一线背后，截断了赵军来自邯郸方面的粮草补充和援兵。同时，“又一军五千骑绝赵壁间，赵军分而为二，粮道绝”，有关秦军的这五千骑在何处和如何将赵军一分为二，从学术界的研究情况来看，尚未取得共识。在靳、谢二人的研究著作中，他们指出，“赵军的重点防区，由大粮山至长平关约20千米的丹东防线，骑兵可以横穿的地形有两处，一是小东仓河河床，二是永禄河河床。”他们经过考证之后认为秦军是从小东仓河南北将赵军“分而为二”的，近来也有研究认为秦军是沿永禄河河床一路北上，将赵军东西“分而为二”，学术纷争，各执一端，暂且不论。总的来说，赵军被秦军分割为二，落入了秦军的歼围圈中，赵军腹背受敌，只得突围。

长平前线的战役进展情况传到秦国国内，秦昭襄王“自之河内，赐民爵各一级，发年十五以上悉诣长平，遮绝赵救及粮食。”到了秦昭襄王四十七年（前260）九月，苦苦支撑了四十六日的赵军已经是援断粮绝，走投无路，“皆内阴相杀食”，与其坐以待毙，不如拼死一搏，于是，在主帅赵括的率领下，赵军开始了最后的突围行动。

无路可退的赵军与守堡中的秦军展开激战，赵括将赵军分为四队，前后四五次企图突围，但都被固守堡垒的秦军所击退。无奈，主帅赵括只得亲自率军突围，与此同时，秦军也向赵军发起了最后的攻歼战，“秦军射杀赵括。括军败，卒四十万人降武安君”。

“武安君计曰：‘前秦已拔上党，上党民不乐为秦而归赵。赵卒反覆，非尽杀之，恐为乱。’乃挟诈而尽坑杀之，遣其小者二百四十人归赵。前后斩首虏四十五万人。赵人大震。”这是太史公司马迁在《史记·白起王翦列传》中叙述的长平之战结局。近来也有学者对于秦军坑杀赵军40万人之说存有怀疑，但这丝毫不影响长平之战的最终结果，赵国惨

山西省高平市长平之战纪念馆中的骨坑

败，元气大伤。

长平一战，秦赵双方均投入了巨大的人力、物力、财力，堪称倾国而决。赵国方面，参战兵力达到45万人，按照当时“十围五攻”的战争常例，秦国的参战人员前后可能会多达百万人，以至于战争进入决战阶段后，秦昭襄王将本国年十五岁以上的男子全部派往长平，秦赵双方为了战争的最终胜利，可谓是举全国之力而为之。古人论及东周五百年战争时道：“晋阳之围，悬釜而炊；长平之战，血流漂橹”，可见长平之战的惨烈程度。

战争过后，秦、赵双方皆损失惨重，《战国策·中山策·昭王既息民缮兵》中引用白起之语为我们呈现了战争带来的创伤，“秦民之死者厚葬，伤者厚养，老者相飨，饮食铺馈，以靡其财；赵人之死者不得收，伤者不得疗，涕泣相哀，戮力同忧，耕田疾作，以生其财。”对于长平之战，历来便是诗人吟咏抒发的对象，或针砭时弊，或抒发胸臆，为我们留下了许多的精美诗文。明代诗人常伦是沁水历史上最有成就的文学家，擅长散曲，被誉为“北方曲家”，他路经长平，夜宿长平驿时，曾作诗一首：

青史哀降卒，山川见故丘。
重来今日意，不尽异时忧。
野驿春花发，长途宿雨收。
遥闻田父语，犹得旧戈矛。

诗人夜宿长平驿，眼见长平征战之地，不免触景生情，驿站之外，鲜花盛开，屋外春雨淅沥，归乡的游子难以入眠，“遥闻田父语，犹得旧戈矛”，往事越千年，战争的硝烟虽早已不在，但峥嵘岁月在这一方土地上的痕迹，却穿梭千年，依旧成为田间地头人们谈论的过往，给人一种烟消云未散的沧桑之感。

## 6. 千秋往事

长平之战作为春秋战国时代持续时间最久、规模最大、最为惨烈的一次战争，在中国历史上具有划时代的意义。长平之战过后，东方六国再也无力与西戎霸主秦国相抗衡，秦国开始了其统一全国的征程，到公元前221年，中国历史上第一个大一统的王朝——秦朝建立了。

“暗淡了刀光剑影，远去了鼓角铮鸣，眼前飞扬着一个个鲜活的面容；湮没了黄尘古道，荒芜了烽火边城，岁月啊，你带不走那一串串熟悉的姓名”，正如歌词中所唱，留存至今的武安、马邑、端氏……这些带有厚重历史感的地名，以及农民耕种时不时冒出的白骨、箭镞……这些战争痕迹的遗留，或许就是长平之战留给沁河的一些“纪念”。

长平之战成就了秦国统一全国的宏图霸业，堪称中国古代军事史上彪炳千秋的大手笔。作为沁河历史上发生的第一场大战，留给我们后人什么启发呢？我们认为，应该对沁河流域在长平之战中所发挥的作用做一探讨。

首要一点便是沁河流域在长平之战中发挥的通道作用。前已提及，王龁率秦军从咸阳出发，入驻端氏城，其行军之东西通道（即“河东道”）是有其历史渊源的。公元前647年，因晋国发生饥荒，晋惠公派人到秦国向秦穆公请求支援，希望秦国能够卖粮给晋国，秦穆公最终答应帮助晋国，史载：“秦于是输粟于晋，自雍（今陕西凤翔南近渭水）及绛（今山西侯马西，傍汾河）相继，命之曰‘泛舟之役’”，走的正是此道。

有关这一点，崇祯年间的《沁水县志》早有论述。张道濬是明末沁水窦庄大族——张氏家族的后代，他曾率军与入沁的陕西农民军对阵，同时作为地方名流望族，卸官归乡的张道濬重修了《沁水县志》，即崇祯志，并亲自作序，其在序中言及县志之体例时曾言道：“美哉山河之固，守在四境，晋文公顿甲所不能下，秦白起、王离东向百战之孔道也。今掠道鼠狗之雄屡至，失守封疆之谓何？辨方表胜，保障我土，为志《舆地》”。

由此可见，在明人张道濬看来，沁水在长平之战中那是发挥着“孔道”作用的，它既是秦军行军的东西通道，又是秦军赖以进攻赵军的后方阵地，所谓“百战之孔道”，实则道出了沁水在军事位置中的突出地位。然而本是秦赵“百战之孔道”，到了明末却被地方流民所利用，成为他们四出袭扰的通道，这在张道濬看来是应负“失守”之责的。嘉庆年间沁水知县徐品山所作之《重修〈沁水县志〉序》亦曾指出，“（沁水）又况南接阳城，入豫之孔道也；西邻翼城，则河东六郡所必经。”这同时也在告诉我们，历来发生于沁河流域之战事，无不以此为行军作战之“孔道”，战国的长平之战如此，明末清初的地方战乱如此，抗日战争、解放战争时期也是如此，这是沁河军事战略地位的集中体现。可惜的是，崇祯《沁水县志》未能传世，否则，不但有关沁水之战略意义我们可以进一步发现资料，对其后之崇祯间沁水战乱诸事也将有更为清晰的认识。

其次是沁河所发挥的屏障作用。王龁驻兵端氏，白起以端氏为中心，绵延沁河南北的沁河防线，成为秦军抵御赵军的最后屏障，同时亦可以此为基地，对丹河之赵军发起攻击，这一点前面已有所述及，兹不赘述。

最后是沁河之补给作用。秦军远道而来，长途跋涉进行作战，秦赵双方又在沁河、丹河之间对峙长达两年之久，固然秦军可通过“河东道”将粮草源源不断加以补充，但毕竟是长途作战，军马、粮草难免出现一时短缺，当廉颇在大粮山设置粮仓以迷惑秦军之时，秦军也曾在空仓岭建设粮仓，可是当时秦军无粮，只得以石块代之，后被赵军识破，士气大损。这种情况便说明秦军之粮草并非一直稳固充足，那么沁河两岸的富庶正好可以解决秦军之急。今日沁河流域流传的一些地名，如运粮滩、马沟等等，或许便是当年秦军转运粮草之处；踏营，俗传是白起阅马处；马邑城，是白起牧马处。这些地名或许从另一个角度说明，沁河对于秦军之粮草辎重之补充，同样发挥了重要作用。或许正是基于这种原因，沁河沿岸的百姓并不像丹水河畔的百姓那样，对白起坑杀赵卒的残忍之举恨之入骨，高平当地有一道地方美食，名叫“烧豆腐”，据传那是当地百姓对白起恨之入骨，所以以豆腐代白起肉，捣蒜泥和之，烧而食之。

总之，通过梳理沁河流域在长平之战中所发挥之作用，可以发现，它既是秦军向东进入上党腹地的交通孔道，又是秦军赖以设防的天然屏障，还是秦军补充粮草的后方支援，更是秦军赖以进攻的前沿阵地。这一特征，深刻影响着此后沁水的历史发展进程，正如清朝康熙年间重臣陈廷敬所作之《沁水》一诗：

泾渭由来特地明，风回毂转石波声。
故知一道清流水，流出黄河彻底清。

这奔流不息的沁河水，可谓承载着一方中华民族的历史，一路向前，化为“一道清流水”，不断向后人诉说着往日的兴衰演变。长平之战成为古代沁河流域的第一次大规模战役，这也是沁河流域第一次大规模修建堡寨。在岁月的长河中，沁河流域还有更多的堡寨建筑修建起来，它们成为岁月在沁河两岸的流风余韵的历史见证。

# 二、太行忠义：依山据险共抗金

太行山，在近代以来是中国抗日战争的圣地之一，它那高耸入云的险峻形势，不仅成为中华民族抵御外侮的坚固屏障，在古代更是群雄逐鹿中原的必争之地。元代大诗人熊戴在诗中曾这样评价太行山："天下多名山，太行居第一。泽潞伯仲间，上党天下脊。屹立界中原，形势控南北。"该诗虽然言辞朴素，但却极为精准地描写了太行山的战略地位。

如果说太行山赋予了上党地区特殊的战略意义的话，那么沁河就好比一条战略通道，它们共同构成了一道天然屏障，养育和呵护了一方人民，同时也塑造了这一方百姓爱慕忠义的性格特征。宋金时期梁兴率领的太行忠义军抗金报国的历史便是这一地域人群性格的集中体现。

俗话说："一方水土养育一方人民。"太行山的雄奇险峻和沁河水的波涛汹涌，共同养育了忠义爱国的太行人民，以至深深影响了这一方的文化。雍正年间曾任泽州知府，同时也是雍正《泽州府志》的编纂者之一的朱樟在写到泽州府的风俗时这样说："余又读苏栾城《燕赵论》云：'昔者唐室之衰，燕赵之人八十年之间竭力致死，不顾败亡，以抗天下之兵，而以为忠臣义士之所当然。'乃至宋季，金人蹂躏，中土流

上党梆子《三关排宴》

离，岳武穆飞以忠义激起两河豪杰、太行梁兴诸人，咸聚堡揭旗，挽刍响应，以败金人，其风气犹□，忠义□□古为然矣。”由此可见，上党地区百姓忠义爱国的风俗延绵不绝，以至于我们在今日的地方文化中仍能窥探到传统的力量。

上党梆子作为今日沁河两岸百姓喜闻乐见的艺术形式，其剧目便带有浓厚的“忠义”色彩，忠心报国的故事也成为上党梆子剧目中很重要的一部分。据有关的研究统计，上党梆子现存传统剧目706个，从题材上看，历史剧又占到了绝大多数，从各朝代剧目所占比例来看，宋金时期的剧目占到有确切朝代戏总量的22.4%，其中杨家戏与岳家戏又是上党梆子传统剧目中最突出的一部分。生长于沁河流域尉迟村的现代小说家、人民艺术家、“山药蛋派”创始人赵树理便十分喜欢上党梆子，不仅喜欢哼唱，还积极创作改编剧本《三关排宴》，上党梆子《三关排宴》于1962年还被搬上银幕，声噪一时。杨家戏固然多，岳家戏也不少，其中有一出戏为《收郾城》，全剧便分为岳飞出师、刘麟迎战、刘麟败阵、兵伐荡州、岳帅亲民、遣谍贬刘、梁兴应召、秦桧拜相、群奸合谋、发令拒敌、两帅对阵、金营演阵、宋营演阵、岳云破敌、岳云再胜、岳梁会师等十二出，生动演绎了岳飞与梁兴率领的太行忠义军抗金杀敌的故事。此外，从《潘杨讼》到《朱仙镇》，从《柴夫人》到新编音乐剧《塞北出了个佘赛花》，一幕幕戏剧，无不满含着对忠臣良将的赞美和对当道奸臣、断送国家命运者的鞭挞。虽然新的剧目不断推陈出新，但时代的前进并未改变这一方百姓爱慕忠义的性格，反而通过上党梆子高亢激昂的表演，将忠心报国的热情淋漓尽致地表现出来，化作新时代下人们对于国家富强、百姓安居乐业的衷心祝愿。

谈起忠心报国，我们可能首先想到的是这样一些字眼，“杨家将”、“岳飞”、“满江红”、“文天祥”、“过零丁洋”，等等，但他们都和一个时代紧密相连，那就是两宋时代。宋代作为我国历史长河中一个文化璀璨、经济发达的时代，又是民族矛盾突出的时代，当时与辽金民族对峙，民族冲突成为这一时期的一个突出特征。由此，也诞生了一批又一批

“民族脊梁”，他们用所作所为告诉世人“忠义”二字的分量。

其实在沁河沿岸，宋金时代也有许许多多的“忠义之士”，他们依山据险，建砦筑社，配合岳飞杀敌报国，成为千古流传的佳话，这就是以梁兴为代表的太行忠义军的抗金斗争。正是宋金时期民族冲突的时代背景，成为沁河历史上第二次大规模建筑堡壁的历史动因。

在汉语之中，“砦”与“寨”二字是通用的，都是表示防御用的栅栏、营垒，沁河流域有许多以此为名的村庄，随着时代的变迁，许多村庄都已经变“砦”为“寨”了，但其实在当地人的心目中，“砦”与“寨”从来都是分开使用的。明末堡寨以“寨”相称，梁兴抗金的堡寨却以“砦”来命名，在走访百姓的过程中，当地人告诉我们一个与“砦”有关的岳武穆将军的故事。

相传在沁河流域有一座山，山上刻有唐人所书的“此石”二字，到了南宋初年，岳飞抗金，率军抵达此处，望见唐人题字，颇觉有趣，面壁深思，突然谙得二字的妙用，于是在山林深处的岩石上用刀挥剑舞下“砦”字，并仰天高歌：“此石为砦，此石乃营，步步石砦，天降神兵。”从此，太行山的抗金寨垒，便统一以“砦”命名了。太行深处、沁河沿畔，宋金时期无数的堡砦，成为以梁兴为首的太行忠义军抗金报国的历史见证。

### 1. 金军南侵

两宋时期是中国历史上一个十分特殊的时期，这一时期主要呈现出两个特征：一是割据分裂局面的出现，自五代十国至元朝统一之前，中国范围内存在着多股政权；二是民族对峙较为严重，辽、金、西夏等民族政权与两宋政权长期对峙，山西作为各方力量交会之处理所当然地成为各方争夺的对象。

北宋建立之初，北方的辽国也早已建立，并开始其南下与北宋征战的历程，“澶渊之盟”的缔结使得两国之间和平相处了很长一段时间，但这种和平局面随着另一个民族政权——金的崛起而发生了变化。

金政权崛起之后，宋朝派使臣出使金国，“约金攻辽”，两国还签订了联合灭辽的“海上之盟”，北宋想借此收复在宋辽争战中丧失的燕云地区，金则想趁机灭亡辽国，免除本民族受人欺凌的状态。

随即，宋、金分别对辽国开展进攻，金朝推进迅速，很快占领了燕云地区，北宋却屡屡受挫，进展不大，但辽政权在宋金的联合打击下很快失败。此后，宋、金两国又围绕燕云及辽西京大同地区的归属问题展开交涉，但宋宣和五年（1123）辽平州守将张觉叛归宋朝，金兵以此为借口，于宣和七年（1125）分兵两路，开始大规模南侵。

随着金兵南下，山西全境开始沦陷。至靖康元年（1126）二月，金兵的铁骑血洗“锦绣太原城”之后，抵达隆德府（今长治市）。金军在西路统帅粘罕的率领下一路进攻，经隆德府、泽州（今晋城市）直驱北宋京城开封。与此同时，金军的东路统帅宗望攻克“花花正定府”（今河北省正定县），紧接着又攻克了临河、大名等县。到十二月，金军东西两路统帅宗望、粘罕成功在开封城下会师，宋钦宗率文武百官出城投降。

靖康二年（1127）四月，金军统帅侦知康王赵构在河北积极部署军队，准备切断其后路，金军自知兵力难以统治中原广大地区，便在掳掠了大量金银财宝之后撤退，之前已被迫进入金营的徽钦二帝及大批宫室、大臣一路被金军裹挟着撤退，北宋灭亡，史称“靖康之变”。徽钦二帝成为亡国之主，在流放途中遭受了非人的待遇，宋钦宗流放途中曾写下一首《在北题壁》，诗云：

彻夜西风撼破扉，萧条孤馆一灯微。
家山回首三千里，目断天无南雁飞。

孤独凄凉之感顿上心头，此中真意，恐怕也只有成为亡国之君的徽钦二帝才能体会到吧。随着北宋的灭亡，两河地区全部沦陷，“两河”即指宋代的河北、河东二路。两河沦陷之后，中原地区的百姓，日日南望王师的归来。

## 2. 义结丹坪

北宋亡国之后，宋室南渡。1127年，北宋皇室——宋徽宗第九子康王赵构在应天府南京（今河南商丘）即位称帝，随后迁都临安（今浙江杭州），史称南宋。南宋偏安一隅，但为笼络人心，还必须打出“北伐”的旗号。在一些主张收复中原的大臣的支持下，处于弱势一方的南宋只得“以战为守”，涌现出了许多抗金名将，南宋初年的抗金行动，以宗泽、岳飞为代表。

岳飞，字鹏举，河北西路相州汤阴（今属河南省）人。谈起岳飞，我们最先想到的便是“岳母刺字”的故事与《满江红》的诗词。作为中国历史上的民族英雄，其抗金故事更是广泛流传，成为各种文学题材的创作来源。

绍兴十年（1140）前后是南宋与金历史上极为重要的一段时期，它不仅是南宋历史上较为稳定的一个时期，而且也是南宋在对金战争中取得辉煌战果的一个阶段。绍兴十年（1140），金军统帅完颜宗弼（汉名金兀术）发动政变，杀害主和派大臣完颜昌等，撕毁宋金两国于去年刚刚签订的和议，分兵四路，大举南侵。

绍兴十年（1140）六月初，南宋朝廷派岳飞出征，北上抗金。这已经是岳飞第四次出征北伐，在此之前，岳飞及其部下在鄂州已经整训三年，枕戈待旦，只为保家卫国，收复中原。

面对金军的南侵，南宋军队也分三线分别加以抵抗。东线战场由韩世忠所部负责；西线战场则由吴璘、杨政和郭浩所部对金作战；中部战线则以岳飞为统帅，张俊和刘锜统帅两路宋军向北挺进，配合岳飞作战，在中线与金军主帅完颜宗弼所率领的金军主力展开战略决战。在绍兴十年的宋金大战中，东西两线均非主战场，两线向北推进的进程较为缓慢，与南侵金军形成一种胶着局面，而从后来的战事过程来看，张俊和刘锜统帅的两路宋军也未能接应岳飞，岳家军相当于是孤军深入。

但总体言之，随着各路宋军相继向北挺进，三线抗击金兵的斗争均取得了不同程度的战果。先是绍兴十年（1140）五月底至六月上旬，宋将刘锜在顺昌府（即颍州，今安徽阜阳）大败金国精锐的骑兵部队，取得“顺昌大捷”，遏制了金兵的攻势。与此同时，进攻陕西、京西、淮东的金军也分别为宋将吴璘、岳飞、韩世忠所部击败，南宋的北伐行动取得了初步胜利。

自从顺昌战败后，金军统帅完颜宗弼（兀术）便率军退据开封府（东京汴梁），同时安排主力大将分守各主要战略要地，命韩常守颍昌府（即许州，今许昌），翟将军守淮宁府（即陈州，今河南淮阳），完颜阿鲁补守应天府（即今商丘，宋称之为南京应天府，金则称之为归德府）。兀术企图以这三个军事重镇为前卫据点，以开封府大军作后盾，与北上的宋军对抗。

面对金军的布防阵势，岳家军随之展开猛烈的军事进攻。自绍兴十年（1140）闰六月初开始，在不到一个月的时间之内，岳家军主力部队连战连捷，高歌猛进，席卷京西，兵临大河，相继收复了从洛阳到陈州（今河南省周口市淮阳县）、蔡州（今河南省汝南县）之间的许多战略要地，已经逼近开封外围。《宋史·张宪传》载：“（绍兴）十年，金人渝盟入侵，宪战颍昌、战陈州，皆大捷，复其城。”至此，金军拱护东京开封府的三个军事重镇，已被岳家军拿下两个。眼见进占开封即将实现，但此时岳家军已是孤军独战，在收复西京河南府（洛阳）之后，岳家军主力部队不得已停止了正面的推进，并开始在开封府附近集结兵力。当时岳家军集结的地点主要有两个：一个是岳飞亲驻的郾城县（今河南郾城），二是王贵增戍的颍昌府（今河南许昌）。然而，金军统帅完颜宗弼（兀术）看到有机可乘，不待岳家军集结完毕，就抓住战机，抢先发起了大规模的反攻，接着就发生了金军主力与岳家军之间的战略决战——郾城之战和颍昌之战。

郾城之战发生在绍兴十年（1140）七月八日，是宋金两国骑兵部队的一次大较量，是双方精锐部队的一次战略决战。岳家军大破金军骑兵主力"拐子马"和重装骑兵"铁浮图"的激烈战况，相关史籍载之颇详，兹不赘述，郾城之战的胜利成为宋金双方军事力量变化的一个重要转折点，给金军以沉重打击，为宋军继续北上创造了良好的战机。

绍兴十年（1140）的北伐，岳飞制定了以襄阳、鄂州为本营，连结河朔、进捣中原、恢复旧疆的战略部署。为更好地实施这一战略部署，岳飞将其所辖军队分为奇兵、正面部队和后方留守部队三部分。奇兵即是深入敌后的游击部队，通过"连结河朔"这一战略手段，将金军占领区域内的抗金力量利用起来，联合这些敌后"义军"成为最终"收复旧疆"的一个重要战略步骤。

其实自两河地区被金军占领之后，金国在占领区强制推行奴隶制，不仅随意霸占汉人的屋舍、土地、钱财，还大肆掳掠汉人，强迫成年男子当兵，奸淫妇女，将汉人卖作奴隶以换取西夏、蒙古的战马，甚至动辄便对整个村庄实行屠杀。金人的种种暴行达到了令人发指的程度，据《建炎以来系年要录》记载，金国统治下的百姓陷入"法苛赋重，加以饥馑，民不聊生"的生存危机之中，因此激起广大人民的反抗，纷纷进行武装，以反抗金军的"暴行"。

在太行山范围内，当时便有南宋都统制王彦领导的八字军以及泽州人梁兴领导的"太行忠义军"等义军武装，他们的抗金活动，有力地牵制了金军南下，为南宋的政局稳定和岳飞开展军事北伐均做出了突出贡献。《续资治通鉴》载："自两河陷落以来，两河之民不从金者，皆于太行山保聚"，当年由梁兴率领的太行忠义军正是依托太行山险峻的地理形势和沁河独特的战略地位，积极地支援了岳飞的北伐行动，成为抗金义军的典型代表。

梁兴，又名梁青，当地人称其为"梁小哥"。关于梁兴其人，史籍载之不详，甚至连其籍贯长久以来都未有定论，一说其为平阳（今山西临汾）人，一说其为泽州（今山西晋城）人。有关其身世情况，仅有清人徐松《宋会要辑稿》中有所介绍，"河南府路兵马副都监御前同副统制梁兴言：'家世农业，自金人犯顺，与之百战，父母为贼杀戮，乞将见任。'

亲卫大夫忠州刺史减削别赠诏，特举加赠。”除此之外，县志中的记载称其是太行山忠义砦社人，实则语焉不详。不过根据近来的碑刻发现，有关梁兴籍贯的问题基本上搞清楚了。

在今天的晋城市郊区周村镇的东岳庙内，立有一通刻于明隆庆四年（1570）九月的碑刻，名为《泽州周村镇重修祀庙记》。碑叙周村镇形势、人物及重修庙祀事。碑文载：“岳武穆义旗北指，镇之梁兴筑砦响应，人心敢于叛金者，乃不忍变于夷也”，这是现存唯一的关于梁兴籍贯的石刻记载，由碑文内容可知梁兴应为泽州周村镇人。《辞海》中梁兴一条下注“平阳（今山西临汾南）人”，其实二者所载并不矛盾，因为晋城在宋时属河东路，到了金人占领此地之后，则属于河东南路（治所在平阳，今临汾市），所以梁兴籍贯遂由此传讹。

梁兴出身贫苦农民家庭，父母亲惨遭金人杀戮的国仇家恨使得其在抗金斗争中能够百折不挠、一往无前。其实早在岳飞绍兴十年（1140）北伐之前，在太行山脉、沁河沿岸，梁兴早已自发组织起抗金保家的武装。在沁河沿岸的悬崖峭壁之间，现在还存有一些险要的兵寨，成为当年梁兴率

梁兴兵寨

领太行忠义军抗金报国的历史见证。

在今天泽州县李寨沁河岸边的悬崖峭壁之上，有一处地势险要的兵寨，当地百姓亦称此处为梁兴兵寨，称这里是当年太行忠义军首领梁兴在此占山为王，后被岳飞所部收编，率领忠义军抗击金兵之地。

无独有偶，有关太行忠义军的兵寨，在沁河沿岸不知有多少处。据雍正《泽州府志》载："宋绍兴中，金人犯顺……是时中原沦龛……泽筑七砦以待飞援，因呼其砦为岳将军砦，社为忠义社。"光绪《沁水县志》载："忠义社砦子凡七处。宋绍兴间，金人犯顺，土人筑砦拒之，且以待岳飞之兵，故又名岳将军砦。一即丹坪砦，在白华村东，四围壁立，绝顶平也。一在南阳村，一在汉封村北，一在板桥村西南，一在尖山峰下，一在端氏东北，一在县治西，其遗址犹有存者。"

从县志中提及的这七处兵寨的描述情况来看，可知其中最为重要的即为"丹坪砦"。丹坪者，即为丹坪砦，位于历山丹坪山舜王坪北麓，今名寨上，砦下有涧河。关于"丹坪山"一名之来历，相传乃是古代神仙炼

沁水丹坪砦

丹之所，故名丹坪。前已提及的明末沁水窦庄张氏家族之张道濬，曾写有《游丹坪山记》一文，文中言道：“丹坪者，盖万山之特也。左右闳峙，水下绕，广十余五。相传宋岳忠武进次朱仙镇，河北所结义寨三十有七之一，今废城尚在。”光绪《沁水县志》载：“丹坪山，县西六十五里，有下叠中叠上叠。上叠有泉，巅有平地数十亩，山下为丹壑。”如此地势，进可攻、退可守、居可据，实为据险筑砦之地也，难怪乎张道濬在文末感慨道：“河北忠义寨或一时戍守，岂足久混神区哉？”

沁河流域作为太行忠义军抗击金兵的根据地，丹坪砦作为梁兴“结义寨三十有七”中最重要的岩砦，在沁水古代历史上是十分重要的事件，丹坪砦便成为大家争相吟咏的一个非常重要的题材，无数文人骚客途经沁水，必去凭吊岳将军砦社，为我们留下了许多诗文。明代弘治年间文坛才子何景明途经沁水时，写有《岳将军砦》一诗，诗云：

> 欃枪弄芒天改色，汴京失守乘北舆。
> 鄂王唾手复中原，两河豪杰皆奋力。
> 刊山筑砦声裂空，和议误国隳成功。
> 千秋英魂或游此，森森草树生悲风。

诗文简单凝练，从金人南侵，北宋灭亡谈起，叙述了以岳飞为首的抗金将领在梁兴领导的太行忠义军的配合下，筑砦抗击金兵的英勇斗争，怎奈“和议误国”，一朝战果，尽化无有，尾句感慨忠烈千秋，最终只剩下瑟瑟悲风和斑斑岩砦，成为太行忠义军抗金保家卫国的见证，不禁令人心生悲叹。

除了沁水境内七砦是太行忠义社砦最集中之地外，梁兴所“结义寨三十有七”，其实是遍布今垣曲、翼城、阳城、泽州、沁水、高平等沁河流域及太行山一线的，其中多数，今已难以一一确指，不过遍索史籍及考察实地所得，还是获得了一些当年太行忠义军抗金所筑砦社的蛛丝马迹。

同治《高平县志》载："邑堡，则米山、建宁、玉井、丁壁、野川、马村、唐安、周纂、寺庄、赵庄、换马，凡十一，犹有宋时太行忠义砦，遗意而险不逮矣。"可知高平境内当时也有一些忠义砦社。

嘉庆《大清一统志》载："将军寨在凤台县西南。旧志：宋绍兴间，岳忠武为张所部将，复新乡，专战大捷，后使梁兴渡河，败敌于沁水，筑此寨以待飞兵，故名。"将军寨又名"将军头"，位于今泽州县南岭乡武城村的南边山头，南宋绍兴六年，金天会十四年（1136），当地民众在此筑寨设帐，创建"太行忠义社"，以迎王师，以待岳飞，因呼其山为将军头山，故此得名。

在今天阳城县甲口镇下孔村东南方有一青石高岗，岗顶地势平坦，阔数十亩。三面环水，两侧临崖，是芦河、沁河交汇之处。岗下古有驿道，又有沁河古渡口，是古今邑东出入县境的主要通道，地理位置十分重要。古人在此沿岗砌石为寨，寨墙周长数百米，高3—5米不等，并修有高2米、宽1.5米的寨门。据考证，此寨系南宋时期梁兴领导的太行忠义社民兵

今下孔村

为抗击金兵而建。因年代久远，寨墙坍塌严重，加之近十几年来，村人兴办石子厂，在此大量开炮取石，使古寨堡面目全非，现仅存不足50米的寨墙遗迹。

此外，尚有阳城之义城砦，泽州之仙台砦、焦赞城与孟良砦，晋城与沁水交界之岳神山砦亦能确指。这些大大小小、零星分布的砦社，在沁河流域构筑了一道又一道抗击金兵的砦垒，有力地配合了岳家军的北伐行动，为我们留下了许许多多的兵防遗址和抗金故事。

### 3. 南阳村激战

南宋绍兴十年（1140）七月中下旬，当岳家军接连取得“郾城大捷”和“颖昌大捷”的辉煌战果之后，下一步的目标自然是东京汴梁城（今河南开封）。绍兴十一年（1141），岳家军乘胜进军距离开封仅有四十五里之遥的朱仙镇。宋金双方在此展开大战，据《宋史·岳飞传》载：“飞进军朱仙镇，距汴京四十五里，与兀术对垒而阵，遣骁将以背嵬骑五百奋击，大破之，兀术遁还汴京。”宋金两家在朱仙镇展开了激烈对阵。

如果将岳家军在前线与兀术率领的金军的战斗看作“正面战场”抗金斗争的话，以梁兴为首的太行忠义军的“敌后战场”的抗金斗争则更是如火如荼、激战正酣。关于太行忠义军响应岳飞、配合岳飞作战的缘起，与岳飞之前挺进太行有关。雍正《泽州府志》载：

> 建炎元年（1127）九月，王彦及金人战，败绩，奔太行山聚众。其裨将岳飞，引其部曲自为一队。岳飞从王彦渡河，至新乡，金兵盛，彦不敢进，飞独引所部鏖战，遂拔新乡，翌日，又败之，夜屯石门山下。或传金兵复至，一军皆惊，飞坚卧不动，金兵卒不来。食尽，走彦壁乞粮，彦不许。飞引兵益北，战于太行山，擒金将拓跋耶乌。居数日，复遇敌，飞单骑持丈八铁枪，

刺杀黑风大王，敌众败走。

王彦，字子才，是南宋著名的抗金将领，为河北招抚使张所部下都统制，太行山“八字军”的创建者，当时的岳飞还是王彦手下的一名裨将。因不满王彦滞军不前的做法，岳飞独自率部沿黄河北上，进入太行山地区，击杀金将拓跋耶乌和黑风大王，大破金军。正是这次挺进太行、大战金军的战斗，在当地百姓的心中影响很大，尤其是对于梁兴这样一个和岳飞有着同样贫苦出身且又同样抱有保家卫国宏愿的志士，岳飞的忠义精神感染了当地百姓和梁兴本人，由此为岳飞绍兴十年（1140）的北伐奠定了扎实的群众基础。

绍兴六年（1136），梁兴率众来到鄂州（今湖北省鄂州市），表达了归顺岳飞的想法。《宋史·岳飞传》云：“太行山忠义社梁兴等百余人，慕飞义，率众来归。”徐松《宋会要辑稿》载：“六年正月五日，宰执进呈岳飞言：‘太行山忠义保社梁兴等百有余人，夺河径渡，欲自襄阳府，至飞军前。’上曰：‘果如此，则梁兴当与优转官资，以劝来者。’”由此，梁兴归顺了岳飞，被南宋授予湖北、京西宣抚司忠义军统制官职。

梁兴虽然归顺了岳飞，成为宋朝的武将，却并未失去与太行忠义军的联系，而是一直遥控着太行山下、沁河两岸忠义军的抗金斗争，忠义砦社自绍兴六年（1136）开始普遍建立起来。金朝的地方官吏看到辖境之内抗金势力的日益壮大，开始对抗金义军进行镇压。此后的两年之内，金泽州知州王伯龙、郑州防御使孔彦周和南京步兵都虞候徐文，前后三次发动了围剿太行忠义社义军的行动，使得义军力量大受损失，沁河流域的抗金斗争一时陷入低谷。

但这一切都随着绍兴十年（1140）岳飞北伐的开始而发生改变，按照岳飞北伐时制订的以襄阳、鄂州为本营，连结河朔、进捣中原、恢复旧疆的战略部署，一方面率领岳家军一路北上，与兀术率领的金军主力展开正面战争，并驻军郾城，接连取得郾城、颍昌大捷，兵锋直至离北宋旧都汴梁城（今开封市）仅有四十五里的朱仙镇。另一方面，早在此次北伐之初，岳飞便派出梁兴等义军首领深入到金军占领的广大河北（黄河以北）之地，“遣兴等布德意，招两河豪杰，山砦韦铨、孙谋等敛兵固堡，以待王师。李通、胡清、李宝、李兴、张恩、孙琪等率众来归。金人动息，山川险要，皆得其实。尽磁、相、开、德、泽、潞、晋、绛、汾、隰之境，皆期日兴兵，与官军会，其所揭旗，以岳为号”，一时间，岳家军的旗帜在太行山中、沁河沿畔遍地皆是，两河地区处处都是起义的烽火、抗金的义旗。

绍兴十一年（1141），岳飞北伐至朱仙镇，“又命梁兴渡河纠合忠义社，取河东北州县”。在梁兴和董荣的率领之下，太行忠义军东奔西突，发起了一系列的对金作战行动。在岳飞北伐的同时，梁兴、赵云、李进和董荣、牛显、张峪率领两支队伍北上，在绍兴十年（1140）七月一日到达西京河南府以西黄河沿岸，二日清晨渡过黄河。在河东路，他们拿下河北岸的三十多名金国骑兵，追赶到绛州垣曲县。梁兴和董荣先礼后兵，“张榜说谕”，金人“不肯归降”，打着岳家军旗号的义军便绞缚云梯，捷足登城，杀散守军，活捉金军千夫长刘来孙等十四人，夺取战马一百多匹以及器仗之类。据嘉庆《大清一统志》载：“上敌原，在垣曲县东北三十里，有堡，宋岳忠武别将梁兴败敌处。”由此可见，当年梁兴率领的义军正是在上敌原这个地方大败金兵，首战告捷。

接着，梁兴率领忠义军穷追不舍，追击金兵进入沁水境内。途经丹坪砦，然后会合丹坪砦忠义军，顺涧河村追击金兵至南阳村，双方在此展开激战，最终忠义军大获全胜，杀金军千夫长阿波那孛堇，这就是太行忠义军对金作战中有名的“南阳之战”。明代弘治年间高平知县杨子器途经南阳时曾作《岳将军砦》一诗：

太行忠义奋如云，人血淋漓染战裙。
一战南阳扫余孽，梁兴本是岳家军。

杨诗所述，就是这次南阳之战。在取得南阳大捷之后，七月四日，

南阳村

梁兴和董荣两军挥戈东向，在京西路孟州王屋县（今河南王屋）的西阳和邵源两地安营扎寨，当即便有汉儿军张太保、成太保等所部六十多人投诚。五日，梁兴和董荣两军攻破东阳金寨，直逼县城。守城金军不敢抵抗，弃城而逃。义军乘胜赶过县城，追奔二十多里，杀敌三十多人，缴获八匹战马和其他战利品。梁兴等令当地“百姓首领”王璋等五十多人，负责召集人民，守卫县城。

七月六日，打着岳家军旗号的义军又挺进至济源县（今河南济源市）西的曲阳。金将高太尉率领五千余人马前来，双方血战了整整一个上午。双方损失都较为惨重，梁兴和董荣等决定收兵休整。但此时高太尉又带领怀州、孟州（治河阳，今河南孟州市）和卫州发遣的一万多人马，进行反扑。梁兴、董荣和两军将士“不顾死生”，忍受疲劳，又浴血奋战了一个下午，再败高太尉，歼灭金军步军十分之八，活捉一百多人，夺取战马、骡、驴等二百多匹。在河北路，梁兴等率军又深入怀州和卫州地界，“大破兀术军，断山东、河北金帛马纲之路，金人大扰”。

不久，梁兴递呈战况到岳飞的宣抚司，梁兴在报告中称：“河北忠义四十余万，皆以岳字号旗帜，愿公早渡河。”史载当时“父老百姓争挽车牵牛，载糗粮以馈义军，顶盆焚香迎候者，充满道路”。这种盛况，是靖康之变后，宋金对峙以来南宋取得的最大战绩的集中体现。

正面战场岳飞率军直抵朱仙镇，两河之地，以梁兴为首的太行忠义军及其他义军又取得辉煌战果，切断金人山东河北之路，岳家军又深得百姓拥戴，此情此景，作为宋金双方的统帅，岳飞和兀术的心中自然是“冰火两重天”。金军统帅兀术看到“自燕以南，金号令不行……欲签军以抗飞，河北无一人从者，乃叹曰：‘自我起北方以来，未有今日之挫衄。’”（《宋史·岳飞传》）相较于金军统帅兀术的悲叹，岳家军首领岳飞则显得豪情满志，当时的情形是“两河响应，敌中将帅皆来降附，兀术谋弃汴去”，在接到梁兴的报告后，岳飞“大喜，语其下曰：‘直抵黄龙府，在辽东与诸军痛饮耳。’”黄龙府位于今吉林省长春市农安县县城内，为辽金两代军事重镇和政治经济中心，算是金朝的“龙兴之地”，金兵当年虏获北宋徽、钦二帝之后，一度便将他们囚禁于此。岳飞直捣黄龙府的目标虽然宏伟，但却招来了金朝和南宋和议派对其的嫉恨，最终也为这次北伐的结局埋下了伏笔。

### 4. 忠义传千古

眼见北伐即将成功，但是金人勾结南宋权臣秦桧，“欲画淮河以北与金为和”，随即向岳飞发出下令其班师回朝的圣旨。岳飞上奏说：“金人锐气沮丧，尽弃辎重，疾走渡河，而我豪杰向风，士卒用命，时不再来，机难轻失”，秦桧知道以岳飞的志向来说，他定然不会退兵，于是先将张俊、杨沂中等宣回，然后向高宗上奏，说岳飞孤军作战，不能久留，乞求高宗下诏宣令岳飞回师。一日之内，连下十二道金字牌，命令岳飞即刻班师回朝。

将在外，君令有所不受。岳飞本想以此拿来与和议派抗衡，但怎奈高宗连下十二道金字牌，对于一个忠君爱国的将领，岳飞只得含恨退兵，班师回朝。史载岳飞：“愤惋泣下，东而再拜曰：‘十年之力，废于一旦。’乃自郾城引兵还。民遮马恸哭诉曰：‘我等戴香盆、运粮草以迎官军，金人皆知之，相公去，我辈无噍噍啮也，言无复有活而噍食者矣。’飞亦悲泣取诏，示之曰‘吾不得擅留。’哭声震野，飞留五日以待民，徙从而南者如市”。

最终岳飞被斩于杭州风波亭，北伐就这样散场，对于日夜翘首南望王师归来的沁河民众则无疑更是不小的打击，这种失落最终化为人们心目中久久难以释怀的遗恨。

清代雍正年间，朱樟出任泽州知府的任上，曾专程赴沁水南阳河畔，看着眼前的山岭、驳离的故垒，他突然发现在这个令人充满忠义之气的地方，竟然“山前不见岳侯祠”，又想起清代同乡文豪查慎行（字初白）所作的《朱仙镇》一诗，遂作《过太行忠义砦，寻岳武穆故垒，用查初白〈朱仙镇〉韵》一诗，来寄托自己的感慨，诗云：

燕径南垂赵北际，叠嶂层峦供拭眦。
忍见青城二帝行，排击两河纠善类。
星分砦栅棋布营，太行之社称忠义。
喊山遥应岳家军，不比当年奋螳臂。
雪耻嗤还朽木桨，顶思剩此香盆地。
沁水城西土峁然，断垣屈曲常设势。
戴天不复父兄仇，摩垒空谈宣靖事。
义旗络绎号令行，传檄中原定何意。
徒令居士梦华胥，南渡偏安拥虚器。
我来览古吊豪杰，私茫未测皇天意。
谁驱一桧贼中来，沦丧两京主和议。
峨眉私语误东窗，银瓶井底冤三字。
丹坪水冷白华凋，烟痕流尽英雄泪。
守门石栏於菟蹲，减灶灰寒墙角弃。
山前不见岳侯祠，雪洒孤松滴寒翠。

阅尽沧桑又几年，斫地悲歌吐英气。

朱樟此诗是历代沁水诗文中描写太行忠义军的最长的一首诗作，也是最为精彩的一首诗作。全诗从靖康之变、二帝被俘写起，宋廷南渡，中原沦陷，遥应岳飞，抗击金人；此后岳飞北伐，忠义军配合其抗金作战，眼看即将胜利，岳飞再被秦桧以“莫须有”之名杀害，举家遭难；秦桧勾结金人，不思收复故土，卖主求荣，与金人媾签合约，割地称臣，丧权辱国；秦桧最终地狱受苦，岳飞得以平冤昭雪，立祠受祀。全诗几乎囊括了自北宋末年至南宋绍兴和议期间的历史大事，同时描写了丹坪山虽然名扬天下，却又荒芜凄凉、空留断垣残砦的景象，令人无限感伤。对岳飞的崇敬，对以梁兴为首的沁河忠义的赞叹，对卖国贼秦桧的痛恨，对南宋偏安一隅、不思进取、中原难复的遗恨，一一融入诗中，跃然纸上，读来令人为之扼腕。

“烟岚朝夕堪携取，莫叹流波逝若斯”，往事近千年，岳飞北伐最终饮恨的故事被改编成各种文学体裁和艺术形式，数千年来在中华大地上流传着，成为人们心中难以忘怀的记忆。对于太行忠义军的研究，近来学者已经不限于搞清其配合岳飞抗击金兵的来龙去脉，而且关注其与梁山好汉的关系。

对此，王利器先生、山西社科院孟繁仁、山西大学田同旭教授，以及学者王珏、毋进炎等人的研究成果从不同侧面展示了梁兴率领的太行忠义军与水浒原型之关系问题。如他们指出，梁山好汉中的许多人物及其形象，乃是根据真实之历史人物进行的艺术加工；梁山好汉占山为王的地点不在山东梁山泊，而在太行山梁山泺，阳城境内有座宋江庙，町店义城山寨亦名梁山，“水泊梁山的原型在太行山地区的山西阳城县义城山寨”等等。

对于这些研究成果，其中虽然有着较多的联想和推论成分，但我们认为，前人的这些研究成果实则是在提醒和启发我们进一步开展深入研究。从上述学者的研究结论中，我们能够基本肯定的是，梁兴所率领的太行忠义军的历史应分为两个阶段。早在北宋末年，日益严重的土地兼并和封建剥削使得人民往往入山为寇，聚险筑砦，反抗北宋暴政；北宋灭亡之后，他们改旗换帜，转而呼应岳飞，抗击金兵。对于忠义军而言，存在着一个由乱世绿林到民族英雄的身份转换过程，所以才有了南宋政府“遣兴等布德意”的措施和杨子器“梁兴本是岳家军”的感慨。

不论怎样，以梁兴为首的太行忠义军客观上确实为岳飞北上提供了一定的支援作用，这点是毋庸置疑的。当年宋金大战的烽火硝烟虽已散去，但梁兴助岳抗金的故事依然在沁河沿岸传唱着、流传着，忠义社砦的点点遗迹，仿佛仍在向我们演绎着英雄的故事，诉说着先辈的苦乐悲欢和家国情怀。

# 三、兵燹之患：堡寨林立护村落

自宋金对峙以来，直至明清鼎革，山西范围内较少遭遇大的战乱，这种现象的出现，和山西之前作为各方争夺的突出地位仿佛不大相称。1981年，复旦大学谭其骧先生曾应山西史学会的邀请赴山西大学做了题为《山西在国史上的地位》的学术讲座，在讲座中谭先生引经据典，对山西在中华五千年历史上的地位进行了脉络清晰、思维开阔的梳理。此后，山西大学行龙教授亦从水利社会史的角度出发，写有《山西何以失去曾经的重要地位》一文来探讨总结。一言以蔽之，山西在国史上的地位可用一句话来说明，即动乱时期，兵家重地；承平年代，默默奉献。

山西自宋金以来的这种相对安稳现象的出现，一来和中国古代政治中心由西向东的转变有关，同时亦与元、清两代以少数民族入主中原的民族斗争态势有所关联，但是这种承平状态随着明末以来农民起义军的兴起而改变。

明清时代的沁河流域科举鼎盛、商业发达，但又堡寨林立，这种财富与动荡相伴随的状态是明末清初沁河流域的真实写照。明末农民起义的兴起，成为今日沁河流域古堡林立最为直接的历史背景。

## 1. 明清映像

在山西，长久以来流传着这样几句谣谚：“欢欢喜喜汾河湾，凄凄呼呼晋东南，哭哭啼啼吕梁山，死也不出雁门关。”沁河流域就属于晋东南地区，这首民谣所反映的是山西区域内部的亚区对比，沁河流域所处的晋东南虽然比不上汾河流域的富庶繁华，倒也不是什么凄凄呼呼，明清时期的晋东南却是有着别样的风景！

沁河映象，毋宁说是沁河风韵。风韵，即为前代流传下来的风尚和韵致，这里所指的沁河沿岸的风韵，当然包括沁河绝美的秀丽风光，其实更重要的是对沁河流域社会风貌的素描。

自宋金对峙结束以来，沁河流域进入其历史上一个稳定的开发期。明初的洪洞大移民，其实有许多是从晋东南向外移民的，不仅如此，在区域内部其实也有移民，当时的沁河流域便以其优越的生存条件吸引了大批外姓迁入，由此造就了明清时代沁河流域的辉煌。

简单翻看沁河流域沿线各县市的地方文献，便会发现一个比较有趣的现象，明清以来的地方大族，除了之前已定居于此之外，大多都是从元末明初迁入沁河流域的。

窦庄者，故沁名区，在榼山下，山绝奇胜，沁水环焉。地处西岸河谷平地的窦庄土肥水美、风光旖旎，千百年来，是以窦氏、张氏家族为主的村落。其中窦氏的渊源很早，是窦庄原来最大的姓氏，窦庄之名便来源于此，所谓“所居人多窦氏，里因以名”，但窦氏自入元以后日渐式微，而窦庄之另一大氏族张氏却逐渐兴盛。陈廷敬为其母舅张钤所作之《张封公传》一文中写道：“先世阳城人，元末迁沁水之窦庄……张氏由明以来，为士林华族，实冠冀南，他族鲜可为比。”可见张氏自元末迁来沁河之窦庄，之后日渐兴隆，成为冀南大族。

上庄古村位于今阳城县润城镇，村中有河流穿过，称为“庄河”，因

窦庄

村落位于庄河上游，故名“上庄”，沿河而下，尚有中庄、下庄两个村庄。明代的上庄、中庄与下庄统称为“白巷里”，名称取自“白屋”之意，寓意“青云之志，白屋之人”，如此富有蕴含的名字，自然少不了才子佳人，因此提起上庄古村，便不得不提到万历名臣王国光。《明史·王国光传》载：“王国光，字汝观，号疏庵，阳城上庄人，嘉靖二十三年进士。”王国光是著名政治家张居正的得力助手，官至吏部尚书，加太子太保。可见此时王氏家族已经是名声斐然，据《王氏家谱》记载：“我王氏溯先自潞安府小石桥始迁可乐山，后乃移居白巷里，而生于斯、长于斯、聚族于斯也，越三百余载……十八世孙道亨谨识。咸丰建元新正月穀旦。”据此可以大致断定，王氏应该是在明初洪武年间迁入沁河流域上庄的，到王国光时，显然已经成为当地的豪门大族。

此外，还有许多家族都是大致于元末明初这一时间段从邻近地区迁入沁水。《阳城县乡土志》记载：“郭峪陈氏：明宣德四年，其始祖陈林，由凤台县迁阳城，居邑东之东裹谷。”光绪《山西通志》记载：“李瀚，字叔渊。其先翼城人，徙沁水。”明代文坛才子常伦，沁水张氏家族之张铨曾为其写传，传中记叙道：“公名伦，字明卿，其先曲沃人，后徙沁水。”西文兴村柳氏家族是沁水一大族，其渊源与唐宋八大家之一柳宗元息息相关。柳宗元是中国古代著名的思想家、文学家，唐代古文运动的倡导者和旗手，也是唐代散文和唐代韩柳诗派的重要代表作家。传说西文兴柳氏民居乃柳宗元的后裔避难之所，但曾有学者多方查证，认为沁水西文兴柳氏属于支系繁多的河东柳氏中的一支，非柳宗元后裔避难之地。关于柳宗元后裔到底落居于何地，一直是柳宗元研究中的未决疑案，仍需众多学者孜孜以求。此外，据有关学者考证，西文兴柳氏家族是在明代永乐年间正式迁入沁水的，在明清两代堪称沁水望族。

这些于元末明初迁入沁河流域的家族，和原有的世居于此的家族一道，共同加速了沁河流域开发的进程。大体言之，新迁的家族在最初几代是以耕种为生的，在经过始迁祖及其以下几代人的辛勤耕耘之后，有了一

上庄

下庄

定的资财，在此基础之上，开始注重对家族成员的文化培养，通过参加科举考试考取功名，家族实力也不断增强，由此出现了明中期以来沁河流域科举鼎盛、大族林立的繁荣局面。如白巷里《王氏族谱》云：“先世太原，五迁而籍白巷，以农事起家。祖父积德累仁，传六世，至遵公中亚元，□斯文统。”耕读传家成为解读沁河流域的重要文化密码。

雄厚的物质基础孕育了沁河流域璀璨的文化。特别是明清时期，沁河流域科举繁盛，成为科甲连绵、达官辈出的福地。沁河沿岸的村落便流传着许多的说法，如“金谷子，十里长，才子出郭峪”，“郭峪三庄上下伏，举人秀才两千五，如若不够数，侍郎寨上尽管补”等民谚。此外，坪上的刘东星，郭壁的韩范，窦庄的张氏祖孙，湘峪的孙家兄弟，砥洎城一城三进士，屯城一门三进士，科举人才如此之多，难怪乎同治《阳城县志》说道：“阳城地虽褊小，亦旧为人文渊薮”。近代山西才子郭象升在为民国11年（1922）校刊重印的《樊南诗钞》所作的序言中写道：“鄗州当太行之巅，文教敷施，在晋地为独后。逮朱明之季，风雅勃兴，迄清初首尾百余年，作者相望。傅青主所谓‘晋雅晚在高都、析城间也。’”由此可见，不论是在普通百姓心目中还是在地方精英人士看来，明末以来沁河流域文风鼎盛早已是不争的事实。

此外，雍正《泽州府志》中的一则记载亦可从侧面证之。其中有言：

郭峪村远眺

“逆珰魏忠贤于天启五年十二月乙亥朔，矫旨凡削籍、追夺、逮问、追赃，号东林党人榜，颁示天下，共三百十九人……说及今泽之登榜者，有孙居相、孙鼎相、王允成、张慎言、翟学程、张鹏云、杨新期、张道浚，三百十九人中有八人焉。一隅之地，乃载多贤……因志之，见泽之名贤与太行同其峙，莫谓泽人物惟指陵川郝文忠也。”

人文蔚然的背后，实则反映的是家族势力的强大。如前面提到的窦庄张氏家族，自万历二十年（1592）张五典由进士入仕以来，到万历三十二年金字辈之张铨，崇祯十六年（1643）金字辈张镕前后得中进士，家族中还有多人得中举人。郭峪村，明代末年有张好古一门三进士，张鹏云一家“祖孙兄弟科甲”。与之临近的皇城村，则是康熙帝师陈廷敬的故乡，其所在的陈氏一族更是拥有“积德一门九进士，恩荣三世六翰林”的美誉。白巷里王氏家族是万历名臣王国光的故乡，王氏家族明清两朝共产生了5名进士、5名举人（其中有武举人1名）、25名贡生、60名秀才、8名礼部儒士，其他杂官佐吏尚未统计在内，对此陈氏家族之陈廷敬曾写到：“郭

郭峪村鸟瞰图

峪里‘白前明至今（清康熙年间），官侍郎、巡抚、翰林、台省、监司、守令者，尝相续不绝于时，盖近二百年所矣。’”可谓是科甲连绵，名流辈出。由此可见，强大的家族势力无疑促进了沁河流域的文化发展，使其成为一方文风蔚然的沃土，同时，这些通过中举进入仕途的才子，在为家族增辉添彩的同时，又推动了家族实力的增长。

“耕读传家久，读书继世长”，这是元末明初以来迁入沁河流域的许多家族的真实写照。其实对于移居于此的家族，经过最初几代的耕种而渐渐积累家财，而后让后辈读书，通过中举来光耀门庭是多数家族兴起过程中所走的道路。然而对于这些移民，其生计方式理应是多样化的，沁河流域还有一部分家族是通过经商而发展壮大的，因商而富，而后因富则仕，科举最终成为一个家族得以长久保持活力的原因。商业发达成为明清之际沁河流域另外一个引人注目的地方。

提及沁河流域商业的发达，则不得不提到泽商的兴起。对于泽商的富庶，明代沈思孝《晋录》里的描述最为出名，广为流传，其言道：“平阳、泽、潞，豪商大贾甲天下，非数十万不称富。”沁河流域以其优越的交通位置、资源禀赋，产生了许多的富商大贾。

首先，丰富的煤铁资源为沁河商人的发展提供了良好的先天条件。其煤铁之丰富，正如一篇《劝潞泽主公司原启》文中所载：“潞、泽二百余万人民所籍生息于太行山”，“延管千百年而繁育者惟煤与铁耳。”《山西通志》卷六《物产》记亦讲道：山西地区很多地方产铁，但“惟阳城尤广”，《泽州府志·卷四十九·记事·阳城县》记载了“明正德七年霸州贼刘六、刘七等，至阳城县东白巷等村，民以铁锅排列衢巷，登屋用瓦击之，贼不能入”的故事，也充分证明了当地冶铁铸造业的发达。阳城冶铁更具优势的原因主要有三：其一，该地农业发展相对较早，人口相对稠密，不乏劳动力。其二，明初至万历年间，晋北、晋西北政事不稳，时受蒙古人侵扰，而沁河谷地却处于内地，在和平稳定的环境下，本地冶铁业得以快速发展。其三，有一定经济基础，粮食尚可自足，有发展冶铁业之前提条件。此外，再加上沁河流域既是铁矿出产区，同时又是能源产地，这种煤铁合一的优势使得冶铁业相对其他地区而言更加突出。以此为基础，本地区商人通过铁的贸易得以迅速崛起。

其次，优越的交通位置为沁河商业的发达奠定了坚实的基础。沁河作为一条南北流向的河流，在沟通南北商贸往来上本身便发挥着其“黄金水道”的作用，再加上沁河流域又是东西往来必经之通道，这种优越的水路交通条件，使得沁河沿岸有许多渡口，渡口附近的村子往往借此发展成为富甲一方的商贸集镇。郭壁古镇即是因此而发展起来的一个商业集镇。从窦庄沿着沁河南下，便进入沁河之古渡口——郭壁古镇。郭壁与之前提过的窦庄堡毗邻，民间有“金郭壁银窦庄”的赞誉。今天的郭壁被分为郭南、郭北两个行政村，但过去的郭壁在明清之际可是商贸重镇，“金郭壁”的赞誉绝非溢美之词。进入郭壁古镇，张、王、韩、赵四大家族自南而北，依次排开。岁月斑驳，这四大家族的事迹早已为历史所湮没，仅剩一座座庭院表明昨日的辉煌历史。

最后，国家政策的合理利用为沁河商人崛起提供了良好的契机。明

郭壁古建筑群

朝建立之后，为抵御北边蒙古势力的南侵，巩固边疆，在沿边地区实行“九边之制”，而边塞地区又不适宜耕种，大量兵马驻扎于此，粮草补给自然成为问题。为解决北方边饷的来源，明初实行“开中法”，“召商输粮而与之盐，谓之开中”，即由商人负责转运粮草至边塞，而后政府依据其转运的粮草数量颁行相应的“盐引”数量。在古代，盐业和冶铁业一样，乃是由官府掌控的关乎国计民生的产业，“盐引”则是一种取盐凭证。商人们将粮食运送至边关，然后手持国家颁给的盐引，而后便可到各地贩盐盈利，此举不但解决了边饷来源，同时也促进了一批盐商的崛起。沁河流域的商人则利用国家的这种政策，在“开中”之法下占取先机。沁河东边为运城盐池，南连中原，正好位于河东盐池与中州河南之间，这样的区位优势使得本地区的商人极易通过盐业贸易发展起来。况且上党地区自古就有经营河东盐赢利的传统，史载：“后孙阳上太行，见骥服盐车于羊肠之坂，则从古以来，上党食河东之盐矣。”沁河商人处在河东盐及本地物资向东南转输的运道上，这里几乎是从陕西和晋南向河南地区及以东以南地区运输的必经之路，也是与以北的太原连接的重要通道。由此，沁河商人依靠这种居中营运地位，借助盐业这一关乎国计民生的领域占尽先机，得以迅速崛起。

其实经商是许多家族在成为豪门大族时都走过的一步，这一点，就连号称是文化世家的皇城陈氏家族亦不例外。陈家先祖靠煤炭业起家，后靠冶铁业致富，到陈廷敬的高祖陈修一辈时，陈家已然富庶一方，对此《陈氏家谱》记载说：“陈修为人刚毅慎密，有志于世，竟不售，退而鬻冶铸，大富。”万历乙丑科乡进士王洽在为陈修写的墓表中称：“陈氏先世虽饶于赀，至公益充，拓田庐储蓄视曩昔远过，拟于素封。”可见，陈家到陈修时已不是一般的富有，只是陈氏后人想极力避免提及这段事情，给外人的感觉看来陈家向来便是一个文化世家。因此，从商与入仕的界限对于多数家族来讲并没有想象中的那样分明，和耕读一样，仕商同样是解读沁河文化的重要一点。耕读仕商才是完整的明清沁河文化的体现。

综上，明末清初的沁河流域的确是一片风光优美、繁荣富庶、文风浓厚的好地方，可惜盛景难久。翻开沿线县市的地方志，便会发现沁河沿线许多地名都冠之以“堡砦”二字，如沁水县有北城砦、窦庄堡、郭壁砦、端氏砦等；阳城县有下孔、北留、屯城、沁渡、上佛、王村、润城、刘善、王曲等堡。堡砦作为一种军事防卫建筑，它在沁河流域的大量分布表明：明清易代之际沁河流域曾经遭遇过军事战争，而明末农民起义的兴起便成为沁河古堡大规模兴建的现实背景。

## 2. 揭竿而起

明朝末年是中国历史上一个颇为特殊的时期，有学者称其为中国资本主义萌芽诞生并缓慢发展的一个时期，但与此同时，明朝也有其作为封建王朝与以往朝代相同的地方。自秦末陈胜、吴广起义以来，中国朝代更迭中向来便有一种“汤武革命”的传统，这种更迭方式与“尧舜禅让”一道，成为中国古代历史中政权更迭的两种方式。

明清易代问题，是中国历史研究中的一个重要议题，历来学者多有讨论。刘志刚曾撰文总结出近百年来学界对明清易代的五种解释模式，即：民族革命的、王朝更替的、阶级革命的、近代化的和生态—灾害史的，可以算作是对明清易代问题研究观点的一个初步总结。因此，对于明末农民起义的背景分析，有必要综合多种研究成果来介绍。总体言之，明末农民起义的原因，不外乎内外两个方面。

从内部来讲，即是明末以来愈趋严重的政治、经济和社会危机。

政治上，自张居正改革失败之后，政治形势愈加衰败。神宗深居简出，不理政事，从中央到地方官员队伍缺员严重，中央的主要职能衙门长官长期空额，致使政事无人料理。吏部、兵部无掌印官，以致等待迁转之人久滞不叙；户部废弛，各边兵饷不及时发放；礼部懈怠，国外来使壅积六七百名，无人过问；刑部失职，狱囚多积，无人断理，言官体系也是如此。六部堂上官仅四五人，都御史数年空缺无人。与此同时，朝廷内外，派系林立，纷争不已。有以内阁辅臣沈一贯、方从哲和给事中姚宗文为首的浙党，以给事中亓诗教为首的齐党，以给事中官应震为首的楚党，以宣城人汤宾尹为首的宣党，以昆山人顾天峻为首的昆党，以顾宪成、高攀龙等为首的东林一派，这些党派彼此倾轧，争权夺利。

朝堂之上争端频起，宫廷内部连发大案。神宗宠爱郑贵妃，许多官员从传统的宗法继承制度出发，担心神宗立她的儿子朱常洵为太子，要求早立长子朱常洛。这样，朝廷上就爆发了“争国本”运动。万历二十九年（1601），由于许多大臣的不断上章和争取，朱常洛终被立为太子，储君的问题得到暂时解决。太子虽立，但宫廷内外的斗争并未因此结束，此后发生的“三大案”使当时关系更加复杂，斗争也更趋激烈。万历四十三年（1615）五月初四日，蓟州人张差持枣木棍闯进慈庆宫门，击伤守门宦官，欲谋害太子朱常洛，为宦官所执。刑部主事王之采审实，事与郑贵妃有关。史称“梃击案”。万历四十八年七月，神宗死。朱常洛继位，是为明光宗。不久，光宗患痢疾，郑贵妃指使太监进泻药，鸿胪寺丞李可灼又进“红丸”，光宗服后一命呜呼，廷臣大哗，史称“红丸案”。光宗死后，李选侍仍居乾清宫，她是郑贵妃的同伙，欲挟太子朱由校擅权。吏部尚书周嘉谟、御史左光斗等上疏，请李选侍移宫，离开太子，史称“移宫案”。

朱由校继位后，改元天启，是为明熹宗。东林一派人士大受重用，分据内阁首辅和吏、兵、礼诸部和都察院等部门，势盛一时。正当东林一派踌躇满志的时候，宦官魏忠贤内结朱由校的乳母客氏，外收“东林党”的反对派作羽翼，逐步形成“阉党”，逼使高攀龙等人辞官。天启四年（1624），杨涟上疏，参奏魏忠贤二十四“大奸恶”。群僚响应，一时间弹劾魏阉的奏章不下百余。魏阉对此恨之入骨，策划报复。天启五年，借辽东经略熊廷弼和巡抚王化贞失陷广宁之事，诬陷与东林人士有关系的熊廷弼曾贿赂杨涟、左光斗等人请求减罪，大兴冤狱。不仅诏决熊廷弼，还将杨、左等人杖毙狱中。阉党把正直一派的官员诬为同党，以“东林党”的名义囊之，为对其实施全面、彻底的打击，阉党爪牙王绍徽作《东林点将录》，崔呈秀作《同志录》，提供所谓“东林党”的黑名单，准备按名

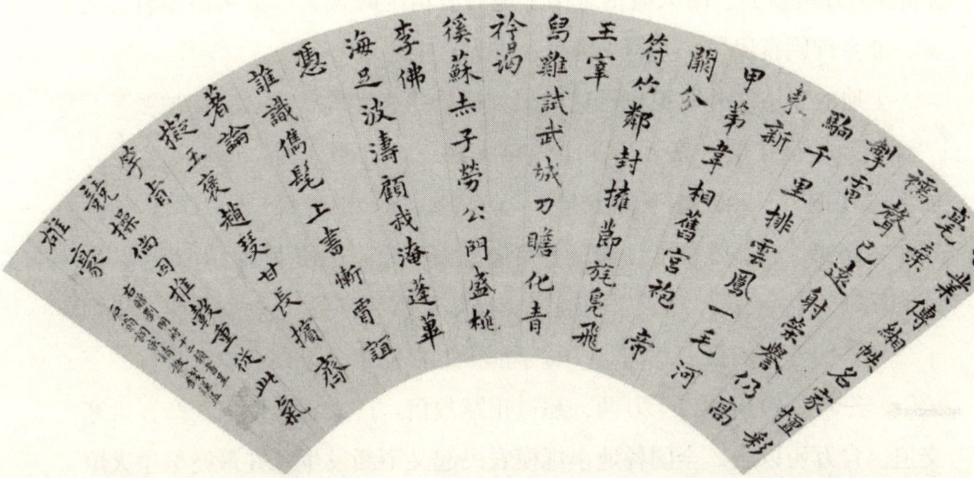

同志录

斥逐、捕杀。魏忠贤又指使阁臣顾秉谦等作《三朝要典》，歪曲万历末年和泰昌初年“梃击”、“红丸”、“移宫”三案的真相。“东林党”人被逮杀殆尽，魏忠贤因而总揽大政。除提督东厂外，还在宫内设“内标”万人，武装太监，带甲出入。一批外廷无耻官僚甘作他的义子、走卒，号称“五虎”、“五彪”、“十孩儿”、“四十孙”等。他们把魏忠贤比作孔子，吹捧他“德被四方，勋高百代”，甚至一些地方官员还为他建生祠以奉承。于此可见明后期政治之败坏程度。

经济上，土地高度集中，而赋税不断增加，农民濒临绝境。明代后期，皇室贵族对土地的掠夺尤其疯狂。以宗藩为例，河南有周、赵、郑、唐、崇、潞诸王，早已把这里的土地瓜分殆尽。神宗把福王朱常洵封到洛阳后，还要赐田4万顷，后改为2万顷。河南数凑不足，就以山东、湖广土地补给。熹宗赐给惠、瑞、桂三王湖广、陕西庄田各3万顷，两省地方官竭尽全力也刮不出这么多土地，熹宗竟强令四川、山西、河南“协济”。明末，秦王在西安府属的庄田就远在8900顷以上。此外勋臣、宦官、缙绅、豪民同样也是“求田问舍而无所底止”。如宦官头目魏忠贤兼并土地多达100万亩以上。时人概括全国土地占有情况时说，“近来田地有力之家，非乡绅则富民”，“若夫穷民，本无立锥之地”。

土地的集中之外赋税也迅速增加，最具代表性的就是“三饷加派”。“辽饷”始征于明神宗万历四十六年（1618）。明廷因“辽事”紧急，加派“辽饷”，亩加银三厘五毫，每年“辽饷”银五百二十万两。崇祯三年（1630），又强征“辽饷”，亩加征银三厘。崇祯十年（1637），明廷为镇压农民起义，开征“剿饷”，每年加派银三百三十余万两。崇祯十二年，明廷又加征“练饷”，每年征银七百三十余万两。以上合称“三饷”，三项征银高达二千万两，超过正赋数倍。广大农民倾家荡产，饥寒交迫。自万历以来，全国各地小规模农民起义不断发生，并最终呈星星火燎原之势。万历时，神宗派出大批矿监税使，四处搜刮民财。万历二十四年宦官张忠、孙朝到山西，大肆敛财。山西巡按御史王以时、山西巡抚魏允贞极力抵制，万历皇帝却包庇宦官，魏允贞被迫辞职。据万历三十二年山西巡抚白希秀奏报，当年山西正税缴纳45200两，其他各项附加也已经缴纳完毕，而孙朝在山西只进银15800余两，其他银两皆被侵吞，反而称山西百姓拖延不交。明末有人称山西百姓有三苦：“一苦凶荒，无计糊口；一苦追呼，无力输租；一苦杀掠，无策保全。由此悉为盗。”

明代流民图

百姓负担的增加，造成了中国的社会危机，况且此时水灾、蝗灾和瘟疫等自然灾害频仍。从万历到崇祯，全国各地几乎连年遭灾。万历十五年（1587），“黄河以北民食草木”。陕西西安府富平、蒲城、同官各县“有以石为粮者”。次年河南饥，“民相食”。万历十八年，湖北黄州府麻城县死于瘟疫和饥荒的达4万人。万历二十九年有人指出，数年来灾害不断，先秦晋，后河洛，继之齐鲁、吴越、荆楚、三辅，百姓有的吃土，有的吃雁粪，“老弱填委沟壑，壮者辗转就食”。明代以来始终困扰统治者的流民问题，也因此更为严重，不断有流民假借各种民间宗教之名起兵反叛。典型如山东兖州的徐鸿儒起义。

对外方面，明王朝的边防压力和军事压力亦纷至沓来。首先是万历年间的万历“三大征”，万历“三大征”指明神宗万历（1573—1620）年间，先后在明王朝西北、西南边疆和朝鲜展开的三次大规模军事行动，分别为李如松平定蒙古人哱拜叛乱的宁夏之役，李如松、麻贵抗击日本丰臣秀吉政权入侵的朝鲜之役，以及李化龙平定苗疆土司杨应龙叛变的播州之役。三大征明军虽均获胜，但军费、人力消耗甚巨，对晚明的财政造成重大负担。之后努尔哈赤崛起，万历十一年（1583），努尔哈赤以十三副铠甲起兵，至万历四十七年，最终统一女真各部，建立后金政权。之后便将进攻矛头指向明朝政权。万历四十六年（1618），努尔哈赤宣称与明廷有“七大恨”，起兵攻占抚顺等地，掳掠人畜30万而归。明朝急忙在全国加派“辽饷”，派杨镐为辽东经略，调集各地官兵8万余人，于万历四十七年二月分四路进攻赫图阿拉。在萨尔浒之战中，努尔哈赤以少胜多，击溃明军。从此后金步步进攻，扭转了被动局面，而明朝却在军事上转入了被动和防御。天启元年（1621），努尔哈赤陷沈阳、破辽阳，夺取辽东70余城。为了加强对明军的攻势和对新占领区的统治，努尔哈赤将都城迁到辽阳。天启五年又迁都沈阳并改称盛京。到其子皇太极时，更进一步向关内扩张，崇祯二年（1629）十月，他避开袁崇焕把守的宁远，以蒙古军为向导，从喜峰口入长城，直逼北京城下。蓟辽总督袁崇焕从山海关回兵驰援，败后金兵于北京广渠门外。这时，崇祯帝中了皇太极的反间计，杀了袁崇焕，使明朝失去了一员强将。崇祯六年，皇太极攻占辽东半岛，明守将孔有德、耿仲明、尚可喜相继投降。接着，皇太极又多次挥兵入关，消耗明近畿地区的力量，动摇明朝的根本重地。崇祯九年（1636）五月底到八月，后金武英郡王阿济格等受命入关后，对北京周围的顺天府、保定府的一些州、县发动速攻，共克12城，俘掠人畜近18万。崇祯十一年八月底到十二年正月间，睿亲王多尔衮和贝勒岳托等受命分率左、右翼八旗，分两路伐明，扰袭京畿和山东部分地区，攻下包括济南府在内的大小府、县城池58座，掳获人畜46万，抢劫了大量金银。崇祯十五年，明蓟辽总督洪承畴兵败松山，被俘投降。至此，除宁远孤城外，明朝山海关外要地尽失。自万历至崇祯，明朝连年对东北作战，耗银数千万两，远超明朝可承受的财政能力范围，但终不能挽回明朝在东北的颓势。

内外交困的局势下，明朝大厦将倾。1627年，陕北白水县农民王二率领数百农民杀死知县张斗耀，揭开了明末农民战争的序幕。陕北巡抚得报后，因怕受到朝廷怪罪，充耳不闻，起义队伍乘机迅速扩大。1628

陕西米脂县李自成行宫

年，王嘉胤、王大梁、高迎祥和王左桂等纷纷起兵响应。李自成、张献忠约在1630年前后也加入了起义军的队伍。1630年，张献忠在陕西米脂十八寨起义，自称“八大王”。李自成也杀死贪官造反，在他舅舅高迎祥领导的起义军中当“闯将”。1644年，在明末农民战争大潮中，明朝最终走向灭亡。

### 3. “流寇”袭扰

自崇祯元年（1628）陕西王嘉胤率饥民数百人于清水堡揭竿而起，举起反明旗号开始，揭开了明末农民起义的序幕。一两年之间，农民起义遍及陕西全省，并很快蔓延至晋、宁、甘等周边省区。

其实自陕北农民起义之后，就已经开始有小规模起义军越过黄河，进入山西境内。起初只是来去匆匆，将山西当作义军躲避明政府官军追击的一个策略性要地。但随着农民起义军规模的扩大，明朝政府和山西地方政府均感到了起义军的威胁，于是山西以“防盗”为名下令毕粜，即禁止粮食运到流民武装活动区域，此举带来的直接后果便是陕北的流民武装力量强行渡河入晋的数量不断增加。

起义军大规模地进入山西是在崇祯三年（1630）。从这年二月开始，王嘉胤率农民起义军攻破襄陵、吉州、太平、曲沃，并经曲沃进入沁河流域。与此同时，马守应、八金刚、王子顺、上天猴等部渡过黄河，攻克了蒲县。王自用、高迎祥、李自成、张献忠等先后来到河曲，他们共推王嘉胤为王，王自用为左丞相兼军师，白玉柱为右丞相。到次年年初，这支农民起义军已发展到20万人。

以王嘉胤为首的农民军对沁河流域的袭扰从崇祯三年（1630）起开始变得频繁且严重起来。有关农民军对沁河流域的袭扰情况，地方府、县志载之颇详，如《沁水县志》中记载的张道濬的《从戎始末》和《兵燹琐记》两文为我们了解这段历史提供了鲜活的史料基础，此外，诸如《洞庵重修王母祠为防乱避兵碑记》和王梦震所撰之《中村庙兵荒碑记》等碑刻资料，对明朝末年起义军在沁河流域的活动也加以记录。

粗略梳理可以发现，从崇祯三年（1630）至十七年（1644），以王嘉胤、王自用、李自成为首的农民军先后五次进犯沁水，十次扰袭阳城，以下对其历次活动作一简介。

崇祯三年（1630），陕北农民军在其首领王嘉胤的率领之下，相继渡河进入山西，王嘉胤率领六千余人进犯窦庄。此次进攻，张道濬的母亲霍氏“身先登埤，众因之防守甚严”，流民武装几番进攻，都被堡中飞出的乱石和弓箭逼退，进攻一直持续四日，然而窦庄堡却仍旧岿然屹立，后有官兵追击，王嘉胤只得率众向南进犯。

崇祯四年（1631），在明廷各路官军和山西地方军的联合镇压下，王嘉胤率领的农民军血战两个多月，最终于四月十八日败退河曲，王嘉胤农民军且战且退，五月廿四日，自岳阳（今山西安泽）入屯留、长子。廿七日，从高平至沁水，又从沁水入阳城县北乡，准备攻县城，因知县杨镇原率军民固守，乃从李邱、长湾村入南山，在圣花坪花儿沟屯扎。六月初二

阳城县文物博物馆

今郭壁村外

日，夜饮大醉，被其侄及右丞白玉柱等杀害。

崇祯四年冬，王自用（号紫金梁）等率陕西起义军乘冻渡河，至平阳、霍州、隰州等地。崇祯五年（1632）七月十五日，从晋城入阳城至史山。十六日，至郭峪，二十日，起营攻润城。因沁河涨水，又由原路返回，经郭峪攻周村。八月十五，起义军又由沁水窦庄、郭壁入阳城，从望川经下伏、王村，攻至刘善。因沁河发大水，未至润城。九月十七日，起义军从沁水端氏、武安入阳城，从屯城经上伏、白巷里、郭峪，攻至北留，在北留墩下歼灭吴开先带领的义勇、新兵一千五百多人。十一月，起义军从沁水榼山入阳城，攻至县城下。适逢总兵龙世禄带官兵至，败退西撤。

崇祯五年（1632）七月，山西巡抚宋统殷追击流民武装至长子，起义军奔往沁水。王自用、八金刚等流民首领率众三万人围攻窦庄，张道濬适逢在家，在他的率领下，全村民众积极防御，张道濬又用诱降之计化解了此次危机。

崇祯六年（1633）二月，起义军攻入阳城县南，后从邵原关下济源。

今沁水县城夜景

三月，起义军又从西入阳城，在芹池、刘村遭总兵曹文诏袭击，败走。四月，起义军从东入阳城，在润城遇总兵曹文诏狙击，败往县南。五月，起义军又从西入县南，明裨将艾万年追击义军，败之，起义军也往西逃走。

崇祯六年（1633）五月，起义军自阳城县又进犯至沁水，总兵曹文诏大败农民军，并将其首领大虎擒拿。七月辛丑，农民军又攻至沁水城下，知县焦鳌终因城内兵力不支而被攻城的起义军杀死。光绪《沁水县志》载："贼自秦入晋五犯沁水，至是城陷"。

崇祯十七年（1644），李自成遣部将刘芳亮率众数万至县城，委派官吏，建立政权。六月，清兵入阳城，委任新知县，大顺官吏遁去。十月，大顺将领刘忠率兵由潞安抵城下，围攻至十一月，因攻城不下而撤退。

农民军多次途经沁河流域，其实是沁河"孔道"位置的集中体现，当然，明末沁河流域商旅云集，发达的商业造就了沁河流域的富庶繁华，而这也是引起"觊觎"的重要原因。于是一时间，繁华富庶的沁河遭遇了一场浩劫。或许，这也应该算作是明末清初沁河流域社会的一个面相，一定程度上而言，正是这种财富与动荡、灾荒相伴随的状态，赋予了这里人们走出贫穷，走向外面世界的动力，赋予了这里人们优良的品质：如勤劳、节俭、朴实、好学、诚恳、灵活，等等。

### 4. 官兵与流民

面对不断涌入山西的流民武装，崇祯四年（1631）春天，在山西实行防河闭枭政策之后，再加上新任陕甘总督洪承畴改抚为剿，使得各支流民武装纷纷进入山西。由此，从崇祯四年（1631）到崇祯六年（1633），山西一时成为明末农民起义的中心活动地区，沁河流域作为这些农民军的重要活动区域，明官兵与流民武装双方在沁河流域斗智斗勇，展开了激烈的斗争。

以王嘉胤为首的农民军进入山西之后，以晋西北的河曲为根据地，不断接应陕北的农民军向山西转移。面对这种情况，明政府命令山西总兵王国梁于崇祯三年（1630）十一月率兵镇压，但却被王嘉胤所败，反而使得其以河曲为据点，接应陕北农民军不断进入山西境内。

面对日渐严重的起义形势，明廷开始调集诸路官军尾随农民军的步伐入晋，配合山西官军东西夹剿。同时派出素有明朝第一良将之称的曹文诏对以王嘉胤为首的农民军进行围剿。起义军血战两个多月，终于抵挡不住，“总兵曹文诏大破贼，收河曲，斩贼首一千六百级”，起义军只得于四月十八日退出河曲，在首领王嘉胤指挥下且战且退，东渡汾水，经安泽入屯留、长子。牛、曹二总兵统万军在长平驿拦截，不让其南下高平、泽州。起义军避开锋芒，于五月二十七日越过山脉峰巅，沿海子河来到沁水固县村一带，又进入阳城县北乡，利用复杂的地形与官兵展开周旋。

崇祯四年（1631），王嘉胤率军抵达阳城北乡之后，打算趁机攻城，但阳城知县杨振原固守城池，农民军只得从李邱、长湾村进入阳城南山。南山地处险要，沟壑纵横，不利于大兵团作战。王嘉胤以此为利，与官军展开搏斗，曹文诏眼望南山，见“贼势甚众，不能取胜”，一时间一筹莫展。眼见军事剿灭无法进行，曹文诏决定智取。曹文诏发现自己军中有一名叫张立位的士兵，是王嘉胤新任妻子的亲弟弟，便让其到王嘉胤军中进行策反，张立位果然不负众望，在右丞白玉柱和部将王国忠的帮助下，将王嘉胤斩首。与此同时，曹文诏率军猛攻，农民军一时群龙无首，混作一团，就这样将王嘉胤所部剿灭，曹文诏因此而升为临洮总兵官。

南山兵败，王嘉胤被杀，农民军一时间作鸟兽散，明军官兵加紧镇压。此时，王嘉胤军中之左丞相王自用对农民军进行整顿，并联络马守应、罗汝才、高迎祥、李自成、张献忠等各路农民军首领，各路大军分赴沁河，决定共推王自用为盟主，组成36营，且每营首领各设一个名号，一共号称20余万大军，准备与官兵大战一场。有关36营的情况，各家记载不一，张道濬在《兵燹琐记》一文中的记载如下：

> 王嘉胤伏诛，其伪署右丞白玉柱降，左丞紫金梁逃，复纠众起，共三十六营，号二十万。紫金梁其首也，余八大王、扫地王、邢红狼、黑煞神、曹操、乱世王、闯将、撞塌天、满天星、老回回、李晋王、党家、破甲锥、八金刚、混天王、蝎子块、闯王、点灯子、不沾泥、张纱手、白九儿、一阵风、七郎、大天王、九条龙、四天王、上天猴、了头子、齐天王、映山红、催山虎、冲天柱、油里滑、圪烈眼。诸督抚镇道，皆不得要领，竟不知几何贼，几何头目，良可叹也。

这些起诨名、立绰号的做法，实则反映出农民军与明军之间的力量悬殊状况，为了让官兵觉得起义军人多势众，同时也为了不连累他人，所以往往都要取个诨名，甚至于一些部下裨将都有一个名号。《怀陵流寇始终录》对此言道："一时贼首，多边军之豪及良家世职，不欲以姓名闻，恐为亲族累，故相率立诨名"。

36营的成立使得农民军的士气一下又从王嘉胤之死的低沉中走了出来。崇祯五年（1632），农民军在沁河流域的活动达到一个高潮，同时，沁河流域也成为明王朝镇压农民军的主战场。在王自用的率领之下，农民军几番斗争，经过汉高城之战和大阳之战，不但跳出了明军官

上伏村

兵的围剿圈，而且农民军从丹河西岸到沁河东岸绵延百里，号称百万，这也是在沁河流域农民军的最大集结。此后，农民军又沿着富庶的沁河沿岸南上北下，几次往返于这片富庶的土地上。占端氏、攻武安，入屯城、上伏、白巷、郭峪、北留诸村落，一连串的活动使得明军疲于追赶，跟在农民军的屁股后面打转，《凤台县志》对此描述为：“尾贼而不见贼，惊贼而不杀贼”。

农民军以沁河作为战略通道，留出小股部队对明军主力进行牵制，同时派出精兵强将集中进攻泽州城。负责围攻泽州城的有“闯将”之称的李自成部队，李白成自幼为大户牧羊，长大后因家贫充银川驿卒。后驿站裁并，回到家中无所得食。遂随其舅父高迎祥投奔王嘉胤，在高迎祥军中成为一员健将，号称“闯将”。《明史》中记载李自成的攻城方法是：

> 自成每攻城，不用古梯冲法，专取瓴甋，得一砖即归营卧，后者必斩。取砖已，即穿穴穴城。初仅容一人，渐至百十，次第傅土以出，过三五步，留一土柱，系以巨绳。穿毕，万人曳绳一呼，而柱折城崩矣……贼乃即城坏处用火攻法，实药瓮中，火燃药发，当者辄靡碎，名曰放迸。

到了崇祯五年（1632）夏，素以城池坚固著称的泽州城竟然被攻破，全晋震动。九月，消息传至明廷，“乃罢巡抚宋殷统，以许鼎臣代之，与宣大总督张宗衡分督诸将”。明朝兵部面对流民武装的汹汹气势，制定了集团作战、分区防守的战略计划，其中沁河所处的平阳、泽、潞41州县的防务，则由宣大总督张宗衡总负责。监督白安、虎大威所部4000人，李卑部1000人，贺人龙部1000人，左良玉部2000人，共8500人，负责上述地区的防务和追剿。张宗衡丝毫不敢怠慢，火速赶到泽州。他住在高平城中，不断发号施令，协调各军作战。

农民军攻下泽州城后，并未长久停留，而是到处活动，不但频繁往来于沁河流域，而且还向四周扩展。有的活动至潞安、长子等地，有的则南下河南，攻克修武，直逼怀庆府。而后又北上武乡，攻克辽州（今左权县）。农民军充分发挥其流动作战的长处，在晋、冀、豫三省交界地区不断转移，也正是因为这个原因，才有了农民军频繁袭扰沁河沿岸，五犯沁水、十过阳城的举动。农民军避开明官军大部，相机出击，往往使得明军官兵处于被动状态。

为改变官军的这种不利形势，张宗衡开赴泽州之后，一面加紧对农民军的围剿，一面又听从河南巡抚樊尚摄的建议，令左良玉坐镇泽州，扼守晋、豫咽喉，四向为援兵，“有急则秦兵东，豫兵西，左良玉从中横击”。（《明史·左良玉传》）左良玉不但身材高大，而且颇有谋略，他坐镇泽州之后，下令官兵在太行各关隘要道处分兵把守。同时，张宗衡派官兵在沁河沿线抓紧对农民军的围剿，起义军前有左良玉部围堵，后有明军官兵追剿，好似一张大网，使得农民军东西无法会合，南北无法相连，动弹不得。

明军的这种前堵后剿的策略在短时期内起到了作用，但由于农民军各部分散，明军为了抑制农民军流动作战，不得不将兵力分散，由此造成明军防区过大。而这样带来的一个后果便是农民军如洪流般无处不在，无孔不泄。这样一来，官兵的围剿便很难奏效，而农民军则见缝插针，逮着机会便攻城夺堡。朝廷眼见农民军非但未能剿灭，反有扩展之势，只得再派出大将对这些“流寇”进行强力剿杀。《明史·曹文诏传》载：

> 当是时，贼见陕兵盛，多流入山西，其魁紫金梁、混世王、姬关锁、八大王、曹操、闯塌天、兴加哈利七大部，多者万人，少亦半之，蹂躏汾州、太原、平阳。御史张宸极言：“贼自秦中来。秦将曹文诏威名宿著，士民为之谣曰‘军中有一曹，西贼闻之心胆摇’。且尝立功晋中，而秦贼灭且尽。宜敕令入晋协剿。于是命陕西、山西诸将并受文诏节制。”

崇祯六年（1633）是农民军在沁河流域损失惨重的一年，也是其在沁河活动逐渐走向消沉的年份。随着明军大将曹文诏开赴山西之后，各路农民军往往选择避免与曹文诏正面交锋，以保存实力。曹文诏的可怕之处不仅仅在于其作战勇猛，还在于其擅长用计，声东击西，使得农民军反倒需要时时担心明军官兵的袭击。

崇祯六年（1633）三月，农民军屯兵阳城。曹文诏从泽州西去，途经阳城时一声不响，绕道而去沁水。农民军首领以为他心中胆怯，不敢作战，遂放松了警惕。突然，曹文诏从沁水回兵，突袭阳城。农民军措手不及，损失严重，被斩千余人。四月，农民军屯扎在润城，四月十八日，曹文诏到了周村，听说从李寨、秋泉而来的农民军刚刚从周村经过，开赴润城。他决定夜晚进行偷袭，农民军通过周村时，发现官军没有出击，便认为周村守军不多，如今到了润城，官军更不敢贸然而来，便放心休息。到了半夜，突然杀声四起，曹文诏和其子曹变蛟率领军队突入农民军阵中。农民军仓促应战，伤亡一千五百余人。此战对农民军各部的打击很大，尤其是从心理上造成“恐曹”。因此，在以后与曹文诏相遇时，农民军往往采取避的办法，一般不与之正面交锋。

由于明军的围剿和突然兴起的瘟疫，36营农民军的部队从崇祯六年（1633）开始逐渐退出山西境内，农民军主力的退出却并不意味着社会局势的平定。在沁河流域，陕西农民军二郎神、浑天猴同山西饥民武装仍旧长期活跃于沁河流域的中条山区，“已散而复聚，天人交困，无如何也”。沁河流域的斗争虽然不如前几年那般激烈，但远谈不上太平。

从崇祯三年（1630）至六年（1633）的三年间，农民军与明朝官兵在沁河流域斗智斗勇，展开了一系列围剿与反围剿的斗争，作为明末农民起义的一个重要组成部分，农民军的斗争固然可歌可泣，但斗争同样给沁河流域的百姓带去了种种痛苦与灾难，这也是我们今人所不应忘却的苦难记忆。

### 5. 筑堡自卫

“乡聚有堡，犹州郡有城。春秋时郑人完守，入保，楚不为害；赵李牧守代边，匈奴入，急收保，数岁无失亡；明卢象升备大名，抚郧阳，用山险立寨、平原并村法以御流寇。”这是同治《高平县志》中在谈及境内所筑堡寨时的一段话，笔者以为是对传统时期抵御外敌方法的高度概括。是的，如果谈起为抵御外敌所建之乡土建筑的话，可能我们最先想到的有广东省的开平碉楼，也可能会想到福建省龙岩市的永定土楼，二者都在明末以来社会动荡的时代背景之下修建，且又各具特色。那么在北方的情况又是如何呢？我想，和二者产生背景相似的沁河古堡则可算作北方堡寨之代表。

沁河古堡虽然自先秦时代即已兴起，且在沁河流域的数次动乱中屡有增修，但留存至今且保存较为完整的堡寨建筑基本上都是明末农民大起义时期留下来的，他们共同构成了沁河流域独特的人文风光，也铸就了沁河独特的历史文化。沿着今日的沁河一路南去，窦庄堡、郭壁堡、武安、屯城、湘峪堡、上下伏、三庄（上庄、中庄、下庄）、郭峪堡、皇城村、砥洎城、润城堡、北留堡……一连串的堡寨，如同一粒粒珍珠般，在沁河夕阳的余晖照耀中闪闪发光，成为太行山里最为绝妙的景致。据张道濬《从戎始末》一文中记载便有五十四处之多，再加上后来所建之大大小小的堡寨，加起来约达百处之多，可谓是“百座高城出沁河”。

提起沁河流域的明清古堡建筑，则不得不提到张道濬这个人物。如果说曹文诏代表的是明朝官军力量的话，那么张道濬无疑则是民间力量的代表。明朝官军对于农民军的起义行动采取了剿抚并用的策略，张道濬所代表的乡绅力量则通过修筑堡寨来守卫家乡。沁河流域的古堡几何多，不得不提到最早的窦庄堡。

“天下庄，数窦庄，窦庄是个小北京。”这是明清以来流传在泽州这片土地上的一句民谚，也是沁水县嘉峰镇窦庄村人的集体记忆。这个名不见经传的北方小村落，却是中国历史文化名村、全国重点文物保护单位，想必其背后必有独特的历史。

有关窦庄的选址及其主要情况，前文已有所涉及，但对于窦庄古村千年的历史较少提及，兹作补充。窦庄因窦氏而得名，自然窦庄的历史便与窦氏家族分不开了。据流传下来的《窦氏家谱》记载：“窦氏居端氏，择先茔于端氏中沁乡西山下。”窦庄之始创，源于北宋左屯卫大将军窦璘，右领卫大将军窦勋墓葬窦庄，窦庄之名自此形成，窦氏亦以此发迹，窦氏兴盛于宋仁宗时代，以出将军而著称于世，后世子孙“咸备官于一时”。

湘峪古堡

到元末明初，窦庄张氏兴起，而窦氏则日渐衰微，至明末时期，窦庄张氏俨然已经“反客为主”，成为窦庄第一大家族。

然而，就是这样一个风景瑰丽、历史悠久的古老村落，却自崇祯三年（1630）起，接连三次遭遇农民军的袭击，有关农民起义军三打窦庄的情况，窦庄张氏家族张道濬之《从戎始末》一文记载颇详。其实早在农民军第一次攻打窦庄之前，张道濬的爷爷张五典已经感觉到天下将要大乱，于是对张道濬言道：“天下从今多事，不止一隅，先事预防，其庶几乎？”从张五典这一辈起，窦庄堡便开始兴建，“因请之监司，敞处筑墙，为保乡人”，村里民众对此不以为然，“士皆迂之”。

然而张五典的预言不久便成为现实，崇祯三年（1630），王嘉胤率领的农民军进入沁河流域，农民军目睹了此地的富庶繁华，准备在此大劫一番。此时张道濬正领兵在外，他的两个弟弟均外出，家中“止幼弟澄奉家慈在堂”。农民军此前作战向来是“所过必催弹丸，数版必不可守”，于是族人纷纷议论，认为应该弃堡而去，张道濬的母亲霍夫人此时站出来严厉斥责这种主张，并分析现状，“若辈不见大，避贼而出，家既不保；出而遇贼，身复不免，徒为人笑”，最终她认为“惟凭城坚守，邀天下之

窦庄村中小巷

窦庄堡一角

幸，贼必不得志。万一有他，死于家尚愈于野。”于是在霍夫人的率领之下，“躬率童仆，挽留亲族，为备御计”。

崇祯四年（1631）六月初，农民军一攻窦庄堡，在霍夫人的率领下，农民军久攻不下，“半日而衰，退休里许”。到了六月底，农民军第二次攻打窦庄，但仍旧是无功而返，此时，恰逢明朝崇祯年间山西巡按副使王肇生亲赴沁水，赶来镇压农民军，他驻守玉溪，还曾作有《庚午长至驻玉溪》一诗：

午夜提兵泛玉溪，上方一榻借蝉栖。
山头斗接诸天迥，峡里峰传万木西。
满地豕蛇惊破竹，何人锁钥抵丸泥？
晓钟未启岚光冷，有客婆娑忆舞鸡。

此诗作于明崇祯三年（1630），记载了王肇生领兵作战，取得胜仗的情景，他因此备受鼓舞，夜半星明，闻鸡起舞，准备天亮后就出发，继续追杀败敌，恰巧此时窦庄堡正遭受着农民军的围攻，于是王肇生派明军赶来救援，农民军只得选择撤退。而在农民军攻打期间外出堡垒，想要躲避在山谷间的村民，反而被农民军杀戮甚惨，张道濬对此颇为自豪地言道："于是乡人士始服先祖早见之明，又颂家慈处变之识。"

两次的进攻使得农民军士气大损，窦庄堡更因霍夫人坚守有功而被王肇生送匾额赞曰"夫人城"。历史上的夫人城故事乃是发生于东晋时期。据《晋书·朱序传》记载，晋孝武帝太元三年（378），前秦南下攻晋，大将朱序固守襄阳，其母韩氏巡城，韩氏预测到前秦军会先从西北角发起攻击，于是提前率领家中奴婢及城中女流筑新城二十余丈，不出所料，"贼攻西北角，果溃。众便固新筑城，（苻）丕遂引退。襄阳人谓此城为夫人城。"副使王肇生借此来赞扬霍夫人在面对农民武装时的沉着应对。夫人城的说法《明史》中尚有记载，时至今日，窦庄村内还存有一块明崇祯帝御赐的牌匾"燕桂传芳"，这是昔日霍夫人英勇抗击流寇的历史见证，也是当年朝廷对"夫人城"的嘉奖。

除此之外，还有许多文人骚客途经沁水窦庄堡时，听闻当年霍夫人的事迹之后，不惜挥笔，写下了一些诗文来赞颂这位坚毅的女性。清代诗人洪世佺有诗云：

死忠者臣死孝子，夫君已为封疆死。
夫人岂是头圣者，老翁白发儿毁齿。
天中夜半欃枪明，沁河东西皆戟垒。
尽散黄金作刍粮，捐钗解佩如脱屣。
刊山筑砦保乡间，千人万人齐下杵。
谁言兵气恐不扬，夜笳一声贼披靡。
春风春草年年绿，雉堞岿然通德里。
娘子军与夫人城，世俗评量徒尔尔。
是夫是妇古无今，万世具瞻为伦理。

窦庄堡由于霍夫人积极守御，最终避过了来自农民军的两次攻击。崇祯五年（1632），紫金梁（王自用）在王嘉胤死后挑起了农民起义军的大旗，分三十六营，在山陕间频繁流窜出击。到该年的八月十五日，王自用亲率所部，并联合八金刚等部共三万余人向窦庄发起第三次攻击，这次的攻击势头显然超出前面两次。

张道濬的《从戎始末》一文详细记载了此次战斗的具体情况。这一年的中秋，农民军以三万之众将窦庄堡围了个严严实实，“自寅至申，百计环攻”。窦庄堡人在张道濬的组织之下，亲率家丁和亲族子弟，多次击退农民军的进攻。堡外，农民军展开攻击，石头、箭镞，一块块、一支支接连不断地发射进来，张道濬描述道，“矢石所及，血肉狼藉”，然而农民军的一次次进攻却被张道濬设置的坚固的壁垒化解。

但是农民军却不甘心，于是采用火攻之法，“堡外房凡四处，烈焰蔽天”。张道濬命令堡内之人严加戒备，“皆若罔知，且谈笑语之曰：‘汝烬我房，不即去行烬汝矣’”。窦庄堡建造合理，攻守兼备，尽管农民军使出百般手段进攻，却在张道濬的面前无济于事，一次次败下阵来。

强攻不成，转为智取。于是，“贼首”王自用想要通过“诈降”之法来攻克窦庄堡，王自用选择向张道濬投降。张道濬干脆将计就计，表面接受了王自用的投降，正声斥责王自用的意图，并拉拢韩廷宪来分化起义军阵营内部，再加上官兵追击，农民军第三次攻打窦庄的行动最终也以失败告终。

窦庄堡为沁河流域至今保存较为完整的古堡之一，也是在明末农民起义过程中沁河流域仅有的两座未被攻占的堡寨，另外一座即是周村堡。周村堡因有重兵把守，所以农民军未敢贸然进攻，而窦庄堡则全赖张氏家族及其堡内之民抵抗住了农民军的多次进攻，这不能不说是一个奇迹。

和窦庄堡情况相反的一个堡寨则是郭峪城。郭峪，上文已有提及，也是个经济发达、文化繁荣的沁河沿岸村落，因为村落的规模较大，所以迟迟未能统一起来抵抗农民军的进攻，所以在短短的三年之内，郭峪村接连

郭峪城

四次被农民军攻破，其惨烈可见一斑。

有了窦庄堡几经攻占而安然无恙的模范作用，再加上郭峪四次惨遭血洗的悲惨教训，沁河流域村落的人们认识到了堡寨在抵御敌对势力入侵时所发挥的重要作用，于是沁河沿岸，许多堡寨相继建造起来，从“堡中

柳氏民居

堡”金郭壁到“小北京”银窦庄；从明清“中国北方第一巨族之宅”的皇城堡，到被誉为“中国北方乡村第一明代古堡”的湘峪古堡；从“中华古民居建筑艺术珍品”的柳氏民居，到被誉为“中国乡村第一城”的郭峪古堡；更有那坩埚蜂窝砥洎城，一座座堡寨仿佛一粒粒闪闪发光的珍珠，点缀在这长仅20里的沁河两岸，构成了今日一幅独特优美且人文蕴含丰厚的沁河风韵图。

## 6. 瘟疫骤起

崇祯六年（1633），一场瘟疫在沁河流域的泽州大地上开始蔓延。崇祯六年七月辛丑日，沁水县城被农民军攻破。攻下沁水后，农民军进行了休整和补给，开始实行战略转移。

实施战略转移并非起义军意愿，乃是形势所迫，不得不走。因为一场瘟疫正朝沁河流域铺天盖地而来，阳城、沁水、高平三县遭受到瘟疫的袭击，这次瘟疫流传速度快，范围也很广。《阳城县志》载：“大瘟阖门，病死十之七，至有无噍类者。”而高平百姓因为起义军的烧杀抢掠，很多人避居城内，城内人口大增，瘟疫一来，城中人口死亡大半。其实，这场瘟疫从是年夏季就已发生，只是没引起人们的注意。随着疫情的发展，到秋时已成燎原之势。在战火中挣扎的平民百姓无医可治，无药可用，一批接一批被瘟神夺去了性命。起义军方面也受到了瘟疫的极大影响。五月份，起义军的重要首领紫金梁王自用，在泽州与河南相邻的济源山区病死。王自用在王嘉胤死后，曾被在山西的各支起义军推为盟主。后因明朝施展离间计，造成起义军内部的矛盾，他本人也一度发生过动摇，想要接受招安。尽管如此，王自用在当时仍然是一位有影响的领袖人物。王自用的死对起义军有相当大的影响，明河北兵备道曹应秋就说过：“惟紫金梁死，其党归闯将，无复称其号。此贼似能统领诸贼也。此贼死后，众贼各自为队，时分时合。”这说明王自用的病死在一定程度上增加了起义军处境的困难。王自用的病死，是否与瘟疫有关，虽然无人能够说清，但当时的确已出现疫情。在起义军的队伍中，被感染者也日益增多。为了生存，起义军分期分批退出了泽州，一部分南下河南，一部分北上河北。

当然，为了不丢失这块长期经营和战斗的根据地，仍留少部分将士在此游击，策应和掩护主力的转移和战斗。当然，南下的起义军也没有走远，仍在河南济源一带的山中活动。但农民军在沁河流域的大规模活动至此便结束了。

## 7. 劫后苍凉

从崇祯三年（1630）到崇祯六年（1633），尽管农民军在沁河流域停留驻扎的时间不过三年，但这三年对于原先富庶繁华的沁河流域而言，却是一次远比瘟疫还要严重的毁灭。明清之际的动乱，也成为沁河流域几代人心目中共同的苦难记忆。

明末文人熊文举写有《沁水县题壁》一诗，可看作是明末农民起义之乱后沁河流域之真实写照，兹摘录如下：

烧残无望劫灰然，过午人家不突烟。
盗贼岂真关气数，流亡谁复恋居 。
荒城极目余三户，往事伤心已六年。
闻道催科犹火急，可能黄叶值金钱。

面对着战后荒芜的沁河流域，朝廷依旧“闻道催科犹火急”，恐怕真要人感慨“往事伤心”了。

第一，动乱的出现则意味着大量的人员伤亡和财物损失。据《中村庙荒政碑记》记载，农民军途经之处，“城内外父老子弟，受其屠戮，骨肉分离惊散，实难言状”，“屈指兵荒以来，户口十去其九矣”。大量的人员伤亡，不仅仅限于平民百姓，各级文武官吏死伤也甚为严重，有关这一点，各地的地方志中记载的死难于“流贼”动乱的官员名单便可为证。再

郭峪村街巷

者，还可以遭受“流贼”之祸较为严重的郭峪里为例。

郭峪又名郭峪里，是富甲一方的大镇，在农民军入侵之前，郭峪里的人口大致有8000人，村中又有以张鹏云和陈昌言为代表的官宦人家和以王重新为代表的富商大贾，自然要受到农民军的特别“照顾”，昔日富庶的郭峪竟在九个月之内接连四次遭到张献忠部的占领，其人员和财产伤亡不可谓不严重。

据王重新《焕宇变中自记》记载，崇祯五年（1632）七月十五日，张献忠率部分两路向郭峪袭来，十六日，两部合二为一，“乃乘雨一拥前来，四面围绕，一村人民欲逃无门，以十分计之，逃出者仅仅一二分余”，“合村之人，寻父叫母，唤子呼孙，嚎啕动地，悲声彻天。且尸骸满地，绝死数家，即有苟存性命者，半多残躯。经查：杀伤烧死缢梁投井饿死小口计有千余。并伤他村逃难之人，不知名姓者亦无数也。金银珠玉，骡马服饰，罄抢一空。猪羊牛只，蚕食已尽。家家户户，无一物所存，无一物不毁”。

同年十月，起义军第二次攻占郭峪。郭峪乡民几乎未加抵抗便纷纷逃亡，未能逃走的躲到煤窑中避身，结果“男妇一拥入窑，窑口窄小，踏死九十三口”。与此同时，“上佛、井则沟窑内亦如此，踏伤男妇五百余口”，伤亡之惨重，读之令人唏嘘。

次年四月十六日，农民军三攻郭峪。乡民汲取前两次的教训，抓紧进度，集资筹款，加快了侍郎寨的建设速度。同时又大挖地洞，本以为地洞乃是绝妙的藏身之所，怎奈农民军竟然采取火攻，“先用布裹干草，内加硫磺，人言藏火于内，用绳悬在井中，毒气熏入洞内，人以中毒，不觉昏迷气绝”，以至于“北门外井洞计伤八十余口，馆后井洞计伤数十人，崖上井洞计伤数十人，并吾村之藏于炭窑矿洞者，共伤三百余人，苦绝者数家”。

前一场劫难才刚过去没几天，农民军又急行军返回郭峪，这一个回马枪令人出乎意料，结果农民军第四次攻占郭峪，这次也是郭峪伤亡最为惨重的一次。由于时值夏月，天气炎热，再加上当时瘟疫已然爆发，“四日中杀死、熏死尸骸满地；天气炎热，臭气难堪。即有一二未受害者，天降瘟症，不拘男女大小，十伤八九”。

原本经济富庶、人口众多的郭峪里，在历经农民军的四次扫荡后，根据每次的人员和财产伤亡记载可知，早已失去了昔日的辉煌，变得破落不堪。郭峪村民经此变乱，“每日惊慌，昼不敢入户造饭，腰悬米食；夜不敢解衣歇卧，头枕干粮。观山望火，无一刻安然”。面对此境遇，郭峪人痛定思痛，在豪绅王重新的率领之下，修筑起时至今日仍旧留存的郭峪城堡。

此外，妇女则更是难逃此兵荒之祸，随便翻开当地的地方志，便可看到动乱之中这些妇女的可怜遭遇：

霍氏，王壮祚妻。寇凌逼，氏抱子投河。督学张旌曰：“抱婴伸义”。

张氏，蒲泓西里贡生李日芳妻。崇祯六年八月，流贼陷沁城。氏携幼子火兆登楼避难。贼举火焚楼，众启门出。氏跪祈曰："李氏止一子，赖天庇佑，不罹寇残，氏纵死何憾？"将幼子先掷去，自坠楼死。袁督学嘉其节烈，奖云"贞心似玉，峻节如山"。

据有关学者统计，仅以沁河流域之沁水县为例，光绪《沁水县志》共收录烈女528人，其中有事迹者381人，明以前59人，清代322人。对比同时收录的男性人物及其事迹，除去重复记载，共收录男性有事迹者约160人，仅从收录男女数目对比上即可看出妇女在变乱之中所遭受的艰苦命运。再与《清史稿》作一比较，《清史稿》中共收录全清烈女有610人，单是一部县志，却已收录了如此之多的节妇烈女，数据的背后虽然未尽翔实，但其毕竟折射出动乱之中的妇女状态及其遭遇，同时也反映出女性在一个男尊女卑的世界观中所自觉或不自觉遵守的那份所谓的"忠贞"。

说到死于动乱，这仅是一个尚未具体划分的说法，其实站在平民百姓的角度上讲，死于动乱不仅意味着动乱来自于历代正史中所记载的"流寇"，更有来自于明朝正规军的骚扰。所谓兵不如"匪"，"兵乱大于匪乱"，明朝官军中许多将领任其部下烧杀抢掠，每逢农民军从城堡中退出时，官兵往往尾随其后入城，之后便大肆搜捕良民，以冒军功，雍正年间曾任泽州知府的朱樟读了这段历史时曾感慨道：

泽之受流贼祸，不一而足。贼至则无兵，任其蹂躏。兵至则尾后，甚至杀难民以首功，其为民害者更甚于贼。故《民纪》语云："兵多尾贼而不杀贼。"又云："兵来篦贼来梳。邑人张藐山太宰《点灯行》，读之可为发指……其时之将卒爚乱荧听，绝无纪律，已视此可见。况将骄兵横，至则不只索饷钞掠，村市为之一空。贼与兵又何分之有？（《泽州府志》）

这种"兵匪"并相为乱的状况，正如《洞庵重修王母祠为防乱避兵碑记》中所言："卒寇互乱，见男则杀，见女则虏。人人躲避，家家寂寞，各逃生于深山，保活命于沟壑。父南子北，兄东弟西，不顾相盼，吁吁而叹，呱呱而泣，情状怆然，莫可谁何？"而其结果自然可知，最终大量无辜生灵惨遭屠戮。

再者，即便平民伤亡的原因来自于"流寇"，对于这部分人亦需要进行具体划分。农民军从起义之初的百人发展至动辄万计，短短的几年时间之内，农民军的人数在清政府的围剿之下反而是越剿越多，这个现象不得不令人注意。崇祯三年底，一位山西乡绅便一针见血地指出："始之寇晋者，秦人也；今之寇晋者，半晋人矣。二三月间，从贼者十之一，六七月而从贼者十之三，至今冬而从贼者十之五六矣。"由此可见，由于山西劳苦大众在明末以来日益严重的"生存危机"的影响之下，陕北农民军使得这股民愤找到了一个"宣泄口"，他们纷纷加入到农民军的行列中来，在个人的身份认同上，亦脱离了之前具有国家正统身份标识意义的编户齐民，转而成为官方文献记载中的草贼流寇。这些被迫因种种原因加入农民军的人群，从此跟随着农民军的步伐袭扰村社集镇，给地方社会造成极大的创伤和人员伤亡。

最后，语云："大军之后，必有凶年"。明末清初的历史交替亦不出此规律，从某种程度上而言，农民军最终退出沁河流域，除了明政府的正面打击之外，瘟疫、灾荒因素也是极为重要的一点，甚至于瘟疫、灾荒致死的数目在某些地区要远高于动乱所带来的伤亡。如张道濬《兵燹琐记》记载，"贼方去，大疫"，"有一家尽空一村尽空者，想避难饮食不时所致然。兵燹未已，瘟疫再作，天祸何可厌也"。王梦震《中村庙兵荒碑记》所载，崇祯"十一年（1638），蝗蝻食我田苗，民复困于食。明年，幸黍麦告丰。又明年，闰五月，自夏徂秋，赤地千里，岁复大饥，闾阎惟藉草木根木屑为饼啖。甚至无所得食，则杀人以食，往往父食其子，夫食其妇，亲属相残，苟延旦夕。真令人目不忍视，耳不忍闻"。这种种惨状，不由得令人想起元曲大家张养浩在《山坡羊·潼关怀古》中发出的深沉感慨："兴，百姓苦；亡，百姓苦。"

第二，频繁的动乱使得民间加剧了筑堡自卫的步伐。鉴于窦庄和郭峪这正反两方面的经验教训，沁河流域的乡民在与“流贼”和“兵匪”的博弈之中，尝试了许多存身活命的办法，诸如藏煤窑、挖地洞，等等，但经过实践之后，才发现修筑堡寨是最为有效的方法，同治《阳城县志》载：“明末，九条龙、老回回诸寇从三面长驱直入各村，焚掠蹂躏，不忍殚述。罗此变乱，为民计者，甚贵入城自保，去隘口、城池远者尤贵。未雨绸缪，修理旧堡，增筑新寨。闻警，将牧畜粮粟积聚，运入寨中，登陴固守，贼野无所掠，则不击自退。坚壁清野之法，不外于是。”具体到实践层面，窦庄堡与郭峪堡颇可为证。

例如张道濬在《从戎始末》一文中言，由于窦庄堡很好地抵御了来自农民军的几番进攻，乡人对于其祖父筑堡以自卫的远见卓识的做法十分钦佩，再加上张道濬本人又是一方守卫者，于是“因劝筑寨堡共五十四处，财力难措者，余少资助。各责晓事，署为长，财堪御侮者，则请之。道尊给札奖劳之，寨一号旗，遇贼犯境，递传声息，顷刻周到。虽不能与贼

战争痕迹（南阳村一角）

角，而人始无去志，皆坚壁自守”。

又如王重新《焕宇变中自记》记载，郭峪里人在遭遇此变乱之后，决心修堡自卫，在其带领之下，郭峪人有钱出钱，有力出力，自崇祯八年（1635）正月十七日正式开工修城，不到十个月的时间便竣工。对此王重新颇为自豪地言道：“斯时也，目击四方之乱，吾村可以高枕无忧”，“修城之后，士民安堵者几几如故。虽累年凶旱，未至大荒，衣食犹可粗足”。

需要指出的一点是，这些堡寨的修筑是与沁河流域繁荣的经济状况离不开的。沁河流域既有较为优越的农耕条件，又是重要的冶铁中心，再加上处在东西、南北交通汇聚之处的优越区位条件，因此产生了许多的富商大族，作为乡绅阶层，这些人在农民军侵入沁河期间发挥了重要作用。他们代表本土化的声音，往往捐钱捐物，或者指导乡民建筑堡寨，以抵御来自外部的袭扰，可以说他们是沁河古堡的形成过程中发挥过极为重要作用的一个群体。

可以说，修筑堡寨成为沁河流域的村落百姓最为普遍的选择，也正是基于此，今日在沁河流域的村落间，我们或许见到的是一些残垣断壁，或许是一座座保存完整的城堡，不管怎样，它们都是先人留给今日的历史记忆，这份用汗水与血液修筑而成的历史“记忆”，我们不应忘却。

第三，动乱使得沁河流域经济衰退，百姓生活艰难。昔日的沁河流域经济繁荣，是一个繁华富庶的好地方，正如前文所及，明正德七年（1512），河北霸州刘六、刘七起兵，从壶关进入山西，掠潞州、泽州，并曾袭扰沁河流域，当时其抵达白巷里等村，“村多冶业，乃以大铁锅塞衢巷，登屋用瓦击之”，由此可见这一带村庄冶铸业之盛，更别说那金郭壁银窦庄，等等的说法，充分反映了沁河流域古代经济的发达程度。然而就是这样一个经济繁庶、人文蔚然的地方，遭此“流寇”之祸，我们可以从时人的记载中看到普通百姓的日常生活和心态。

王梦震《中村庙兵荒碑记》载：“厥后，贼众去河南，余党、土贼尚群聚千人，盘踞兹土凡五载。境内人民尽逃奔他方，城池故土，竟为贼之营垒战场矣”。

从崇祯十年（1637）开始到崇祯十三年（1640）的四年间，中村仅有一年年景还凑合，其他年份往往是“岁歉薄收”。以至于到了崇祯十四年的春天，物价飞涨，“斗米两银，斗麦千钱，油一斤值钱三百，豆一升八十钱，至于柿、枣、梨、桃，每个钱二文。客至则不能供酒肉，凡猪肉钱二百五十文，羊肉百二十文，牛肉钱一百文。有一鸡而得千钱者，有一犬而索两银者，猪一口则一二十金不等。食物之贵，一至于此。尺布值钱七十，棉花一斤值钱五百”，百姓的日常生活遭遇极大困难，“不惟食不充饥，布衣温暖亦不可得”。

无独有偶，王重新在《焕宇变中自记》的文末亦记载了较为珍贵的有关当时百姓日常生活的文字，“至于崇祯十二年六月间，飞蝗灾起，自东南而来，遮云蔽日，食害田苗者几半。蝗飞北去，未几而蝻虫复作，阴黑匝地者尺许，穷山延谷，以至家室房闱间无所不到。谷豆禾黍等食无遗草。秋至明年三月尽，雨雪全无，怪风时作，桑蔬菜苗皆以霜毙。且虫有如人形者，头尾有丝，结于树枝；虫有如跳蚤者，嚼食菜根。米价至三千五百仅获一石。以故民有饥色，野有饿莩，夫弃其妻，母遗其子，榆皮桑叶等类皆刮而食之。如人相食者间亦有焉。贼盗蜂起，未知所止，似此兵荒频至，种种灾异，千百年所未有者而积见之于今。”

窦庄张氏家族之张道湜《荒残后早发沁水书所见》一诗：

宿鸟初翻野色昏，过桥犹见晓星存。
峰巅翠锁疑无路，村杪烟寒尚有村。
草宅颓垣鼯鼠穴，云埋古道虎狼屯。
隔林牧竖惊行客，驱渎山头自掩门。

全诗营造出一种荒凉沧桑之氛围，村落荒废，人烟稀少，原本自由自在放牛的牧童，经历这场动乱之后，也仿佛受惊之鸟，赶紧躲藏起来。这种画面的出现，实则反映了战后百姓那种战战兢兢的心态，显然，此时世道并不太平，人心远未稳固。

虽然以上资料反映的都是农民军退出沁河流域之后，沿岸百姓因灾荒而生机艰难的情况，但这种“天灾”的出现，从某种意义上讲更是“人祸”的体现。农民军对沁河流域的袭扰使得本就脆弱的社会运行机制不免走向崩溃，以往人们可以开展自救行动来减少灾荒对于人们生计的影响，此时却因社会局势的不稳使得这种“自救”行动难以开展。总之，此时的沁河流域，繁华不再，真正成了民谚中所言的“凄凄呼呼晋东南”了。

第四，动乱扫荡了沁河流域原有的社会文化秩序，是对地方原有的行政管理、社会管理体系、信仰空间和文教秩序的一次严重冲击。

在农民军主力袭扰沁河流域的几年间，曾经五犯沁水、十过阳城，这是放在一个较大的比例尺上的描述，如果细细勾描农民军在沁河流域的踪迹，其实会发现，农民军对沁河流域之袭扰破坏，绝非这一简单之描述所能替代。谨以张道濬《兵燹琐记》一文中之记载为证：

崇祯五年七月初十日，贼西去东来，破大阳，张大参光奎并二子遇害。七月十三日，贼北来南出，破郭峪，张孝廉庆云遇害。八月初一日，贼东来北出。八月十五日，贼北来南出，中攻窦庄。九月十六日，贼北来南出，破端氏堡；至南留与官兵遇，都司吴必先全军覆。十月十二日，贼东北来西南出。十一月初三，贼东南来北出。十二月初二日，贼东北来西南出。本月十二日，贼北来扰郎壁等处，凡二十一日。

六年正月初三日，仍北出。二月十一日，贼北来东出。三月十七日，贼东南来北出。四月初六日，贼东来北出。七月十一日，贼西来扰西南乡等处。至次月十一日，破沁水县城北出。十一月十七日，贼北来复扰西南乡。往来蹂躏二年，凡十六次。今虽大众渡河，而余在沁水者，官兵不问，害且无已时也。

从崇祯五年（1632）的七月初十到崇祯六年的十一月十七，在短短的

16个月内，农民军的袭扰次数便已达到16次，平均每月一次，其频繁程度可想而知。

如此频繁的进出于沁河流域，难怪乎时人感叹道此时的沁河流域已有昔日秦赵“百战之孔道”变为“城社狐鼠”之“掠道”，这种悲怆之感，非亲历而不可知也。

在农民军如此高强度的频繁袭扰之下，农民军踪迹所及，算是“所过成墟”，沁河流域原有的文教建筑和宗教场所均不免遭遇劫难，就连沁水城都被攻占，对城池和这些建筑的破坏，可谓前所未有。

首先是官衙、城池之破坏。王同春《沁水县重修鼓楼记》载：“忆昔癸酉之变，县治邱墟，一望焦土，彫残已甚，则光复为难。向来诸父母，或缮城，或建衙，或立邮，置葺监禁，人补一阙，节次相承，频年土木动众，既虑筑愁估费，又若巧炊，时诎举赢，古今同慨。”既指出了农民军对城池破坏之严重，又呈现出古代修城之不易，正因不易，所以沁水城被毁坏之后的后果才更令人觉得可惜。张道濬在《补修县城来脉记》中言道：“及崇祯癸酉，流寇渡河，县城失守，焚掠之惨，元气为之大伤”。

战争痕迹（窦庄一角）

其次是对县学、乡学等文教场所及文风之影响。赵凤诏《重修沁水县文庙记》载：沁水县学“邑不戒于寇，虽庙貌未移，而学博官署，以及簠簋豆笾之属，荡然无存”。经历明末战火之后，沁水县重修县学，不过在方位上由县城之西移到了沁东，由此还影响了沁水县内文风之分布，赵凤诏同样记载道："独是学建于西，而簪缨阀阅，旧亦莫盛于西，其科名之隆替，大约视学之修否。自明季邑遭蹂躏，泮林钟鼓，半杂荆榛，荐绅士大夫悉徙而之东，五十年金闺通籍，西境无一人与者。"之前沁水之学校多建于文庙之西，于是沁西多出现达官显贵，沁东不能相比。但是经历明末农民起义之乱，县学迁到县东，然而直到康熙丙子年（1696）郑采宣、韩性善中举的六十年间，沁水县无论沁西还是沁东，竟无一人通过科举，对此张道濬评价道："郑城中籍，距前丙子（1636）罗君人文，实破六十年之天荒云"。由此可见明末农民起义对于沁水文风之影响。

最后是对地方原有的神灵信仰空间之影响。沁河流域是地方神灵信仰十分发达的地区，发达的民间信仰使得地方上有许多的神庙，成为百姓日常生活中十分重要的一个生活场域，但是这些神庙在明末农民起义的变乱中破坏严重，惨遭焚毁者不在少数，对此，清初康熙年间曾任沁水县令的赵凤诏在《厉坛碑记》一文中不无感慨地言道："我广宁自罹兵燹，数

东岳庙

十年于兹，而城郭之倾圮如故，舍宇之毁弃如故，至于坛庙，又何暇议修耶？”正因如此，所以直到清朝康雍乾时期，沁河流域才兴起一股重建神庙的高潮。

与此同时，一些人物或庙宇因为在明末的农民起义动乱中做出了巨大贡献或为百姓提供了藏身之所，因而在动乱过去之后，人们为这些人物建祠或将神庙进行重修，作为一种纪念或者警示。如《洞庵重修王母祠为防乱避兵碑记》一文记载，王母祠在明末的动乱中毁坏严重，但“虽为神圣栖灵之所，亦为吾人深藏之处，更可为世世遗留下有备无患之高垒”，可见王母祠在战争岁月中成为百姓避难的场所。

再有明末清初窦庄张氏家族之张锫曾作有《灵岩洞》一诗：

绝壁凌空俯碧漪，因山叠石最称奇。
避秦旧是弭灾穴，供佛新成祈福祠。
襟带平分东北险，品题应合古今悲。
烟岚朝夕堪携取，莫叹流波逝若斯。

作者亲历了农民武装三攻窦庄的经过，“避秦旧是弭灾穴，供佛新成祈福祠”表明灵岩洞中可能发生过许多悲惨的事件，也可能保护过许多人的性命，因此在战后才会成为祈福祠，可惜这无数事件，未能流传下来，但作为后人，我们不应该像流水一样，洗掉这些历史的记忆，而是应该铭记于心。

明末农民军之乱，或许正如赵凤诏在《重修〈沁水县志〉叙》中所记载的那样，“自明季重遭寇燹，户口十去六七，田野日就芜，碧峰、杏水之间，小然凋敝矣。比年天灾流行，蝗旱相继。而司牧者复不能于职，不惟不镇抚，又加朘焉，民益不聊生。当是时，‘老弱转沟壑，壮者之四方’，诚有如孟夫子所云者”，是为的评。

# 四、此起彼伏：风云接踵扰沁河

治乱兴衰似乎成为中国古代王朝不可避免的轮回，嘉道以降，清廷惨淡经营，之后，英人构衅于外，道光皇帝已是焦头烂额，加之太平军、捻军兴起于南北，遥相呼应，继任者咸丰帝疲于应付。继之，慈禧垂帘听政，清朝国祚殆尽，甲午一战，同光中兴恢复的仅有元气也烟消云散。清朝至此积弊颇深，义和团起于此际，“扶清灭洋”也好，“兴中灭洋”也罢，最终在清廷和外国联军的绞杀下失败。辛亥革命推翻了清朝统治，废除了封建帝制，但民主共和的梦想未能实现。随后军阀混战迭起，加上日本侵华战争的爆发，黎民百姓陷入了水深火热之中。

战争、灾害此起彼伏，接连不断。在这兵连祸结的时候，沁河民众面临着一个又一个的苦难。在太平军影响下，阳城县赵连城领导了“闹盐粮”事件，与官兵进行了一场殊死搏斗；在应付人祸还来不及的时候，光绪初年又爆发了一场世所罕见的大旱灾，旱灾之中社会治安大乱，饥民结党出没，为非作歹；进入20世纪，清朝更是虚弱不堪一击，外忧大患未除，国内小患频起，阳城民众于此时发动了“反增赋”事件，这是清政府财政虚弱带来的后果。1911年，清政府终于走到了自己的末路，辛亥枪声响起，沁河洪汉军随之而起，在清政府即刻倾塌的瞬间又推一把。随后历史进入了似曾相识的军阀混战局面，在这中国不能自救的时候，日本挥师西向中国，中国又马上进入一个抗战的时代，本就混乱的中国这时因为日本的入侵变得更加混乱，兵匪趁此“绝好”的土壤迅速成长，成为一支不可忽视的恶势力，使得民众的生活雪上加霜。总之，覆巢之下安有完卵，兵匪所及之处，但见普通百姓受苦受难。

## 1. 太平军临境

1840年，中国遭遇了来自国外列强的前所未有的挑战，对于满清王朝来说真是祸不单行，创建了拜上帝教的洪秀全于1851年1月在广西金田发动了旨在灭清的起义，太平军一路北上，一路壮大。两年之后的咸丰三年（1853）二月勇夺南京，改名天京并定都于此，毫无疑问的是，江南在这场战事中遭受重创，人民处在水深火热之中。战事于此时并未停止蔓延，这意味着苦难也将蔓延。

定都天京当年的三月，太平军将领林凤祥、李开芳和吉文元等受命北伐，率军2万余人，于同年四月自扬州发兵北上。当太平天国北伐军到达河南怀庆（今沁阳市）时，距离晋城泽州县、阳城县已经很近了，此时，晋城各县官吏惊恐万分，生怕太平军顺势北上波及辖区。然而，在七月二十九日，太平天国北伐军突破晋豫交界处的要隘封门口，进入山西，并向阳城县衙派要了随军支差骡马2000多匹，以及随军支差农民无数，然后，直奔垣曲县城（今垣曲县古城镇），八月二日兵临垣曲县城下，城破后捕杀河东道观察使张锡藩和知县晏宗望等。三天后的八月五日攻打绛县，绛县知县潘名魁与典史席学毅率兵丁绅民登城防守。太平军分股纵火，烧开东门，守军潜逃翼城，太平天国北伐军占领绛县。八日攻曲沃城时得到城内响应，城破后杀知县丁横等。九日到达平阳府城南，于南门遇到火炮阻击，遂绕道东门，经一夜激战，十日黎明破城，知府何维墀、临汾知县周春阳、同知郭升阿等均被击毙。十一日太平军先遣队乘胜北进，十二日晨占领洪洞，继又北上占领赵城。这时，太平军主力由平阳北进途中，在平阳城北4公里处的汾河大桥（高河桥）突遭清军总兵郝光甲部伏击，被截为两段。太平军前部继续北进，后部折返平阳并于十四日乘夜由东门撤出。十七日，太平军会合洪洞，全军东进，经岳阳、古县、安泽，进入屯留县境的摩河岭、良马、丰仪镇和长子县境内的柳花泊。二十二日，太平军继续北进，攻占潞城县城。二十三日，太平军由潞城东出，直达黎城城下，守军骇散，太平军占领黎城。二十四日，太平军东进，经停河铺、东阳关、上湾、下湾等村，进入河南涉县，离开山西。

太平军在山西境内转战期间，先后攻克垣曲、绛县、曲沃、平阳、洪洞、赵城、潞城、黎城等8 座县城，并取得了曲亭、柳花泊两次战斗的胜利。沁河流域内只有安泽县遭遇太平军，并且只是路过而没有攻城，但也像阳城县一样担负了人员、车马等差事，遭到了一些战火的扰乱，并不如其他县份那样直接受到战火的损失大，遭受的苦难深。但是，太平天国北伐军给阳城、沁水、安泽人民以强烈的影响，太平天国北伐军北上山西期间，往返扰乱绛县、垣曲，杀伤人民无数，败战后逃兵趋避沁水、阳城，使得当地民众在一段时间里担惊受怕，不得安宁。

### 2. “闹盐粮”

阳城县随军支差的农民在太平军于高河桥战役中失败后，大部分人回到县里，把他们的见闻传播开来，有一个叫宁魁保的人还参加了太平军，直到天京陷落才返回阳城。清政府为了镇压太平天国，除了借外兵、搞团练外，还不顾人民死活，层层增加苛捐杂税，这引起阳城人民的不满，加之部分亲眼看见太平军的乡民回来传播了一些起义军的事，所以在太平军走后阳城发生了由赵连城领导的“闹盐粮”事件。

阳城知县黄传绅并不是一个受人爱戴的父母官，而是一个贪暴不仁之人，太平军离开之后，他与户房经承田斌和豪绅郭五等人协商，借机增征田赋，抬高盐价。当时田赋一年内分上忙和下忙两次征收，虽依据土地好坏规定征银数额，但是实际征收时往往成倍加征。盐是官卖，随意涨价，

阳城县一角

当时食盐由每斤25文猛增到37文，许多人家只能吃无粮无盐的淡菜汤。

这时，阳城县上义村有个赵连城，字瑞符，家境还算宽裕，用钱捐过一个“议叙九品”的功名。此人生性喜欢交游，与南山李聚泰、王法囤意气相投，遂结为异姓兄弟，誓同生死。李聚泰是碑岭（今属阳城县贺岭乡）村民，王法囤老家在横河碾腰村，这两个人都是朴实豪爽的农民，喜欢使枪弄棒，各练就一身好武艺。当时，赵连城为自己10岁的儿子请了一个名叫王致祥的塾师，王致祥廪生出身，家住县城西北10里的王曲村，此人也不满现状，与赵连城意气相投，经常能谈到一起。

咸丰四年（1854）冬，赵连城进城交“下忙”粮银，衙门里的人对他七折八扣，多算了很多。赵连城一时气不过，和衙门里的人大吵了一架后无果，只好离开衙门回家。在回家的路上，又有许多乡民向他诉苦，增添了他胸中的怒火。回到家后，他与塾师王致祥说了进城缴纳粮银的经过，并谈了自己的想法——联合全县78里的志士仁人，到县里、省里请求减轻田赋，降低盐价。王致祥深表同情，协商后，连夜书写好知会书信，派人送去各里，到时来上义村议事。各里接到信后深感这是件惠民的好事，于是纷纷推选本里的代表，按时到达上义村共同协商，确定年后先到县里恳求，不行的话再到省里请求，再不行的话就上达朝廷。当时王致祥就写下了《议事合同》，要求来人都在上边签字认可。因年关临近，王致祥不久便回家准备过年。

不久，各里代表在上义村集会的消息不胫而走，传至知县黄官（乡民对黄传绅的称呼）耳朵里，黄官大惊，他听到有王曲村的王致祥，于是就在咸丰五年正月初三（1855年2月19日）差人持“火签票”到王曲村传王致祥。王致祥被连夜带到县衙接受黄官审问。

当时有一个叫小修的是抬轿行的把头，经常逢年过节时去乡下“打秋风”（假借各种名义向人索取钱财），他去年腊月到上义村“打秋风”时听到一些“闹盐粮”的风声，回去后便添油加醋地向县衙禀告赵连城准备造反，以求得奖赏。黄官听说后，非常惊恐，立即派班头张米、马林二人骑上快马带上捕役到上义村捉拿赵连城。赵连城闻讯后，一面让社首等人在大庙稳住这些班头捕役，一面派人到碑岭给结拜兄弟李聚泰报信，恰巧王法囤也正在该村和一些喜枪弄棒的朋友谈论武艺。听信后，李、王二人纠集十多个朋友手持砍刀、矛枪、棍棒等武器，火速前往上义村，直奔班头捕役所在的大庙，话不投机，双方打成一团。班头捕役们敌不过，落荒而逃。打了官兵，这意味着事情闹大了，很可能招来官兵的报复。一伙人见事已至此，于是便立即准备起事，赵连城、李聚泰、王法囤三人遂带着人去了阳城县城西侯井村，一面派人去城里探听风声，一面通知附近各里派人前来议事。

阳城县李甲巷

另一方面，班头张米、马林回到县衙，向黄官哭诉挨打的经过。黄官听后，在如何处理上举棋不定，于是与其胞弟黄叔商量，黄叔极力保证陪同前往的情况下，他决定亲自前往处理。第二天，黄官兄弟二人带人直奔侯井村。赵连城听到黄官二人到来，先礼后兵，亲自带李、王二人出村把黄官接到村内大庙中。在庙内小南房里，赵连城与黄官进行了一场商谈，就在争论之际，庙里庙外汇聚了很多赵连城的人，他们个个摩拳擦掌，冲突一触即发。黄氏二兄弟见状，寡不敌众，便借机逃出庙外，李聚泰、王法囤率众追了出来。黄叔被李聚泰打了一鞭，带伤逃回县城，黄官则被王法囤抓住，捆押在小南房里。

此时，赵连城三兄弟见事情已经闹大，便纠集各里村民，携带武器干粮集合于南大河，随后直奔县城。入城后，先到西街盐店，推翻了柜台，砸折了称杆。接着到了县衙，见黄官家眷和三班六房早已经跑的无影无踪，他们便砸开狱锁，放出了王致祥和其他犯人。并在户房里拿走了部分粮册，然后到豪绅郭五、户房经承田斌家里，拆毁房屋，砸碎家具之后，便返回侯井村。

黄官眷属待赵连城等人走后即返回县衙，慌忙请求拔贡董培兰前去侯井村交涉救回黄官。董培兰是郭河村人，距王致祥家仅四五里，彼此很熟悉，于是董培兰便应承黄官家眷前往侯井村救人。此时，赵连城那边发生了分歧，李聚泰、王法囤主张将黄官杀了大干一场，但是赵连城和王致祥则不想再把事情闹大。等到董培兰来交涉时，黄官也自我忏悔、苦苦哀求，加上王致祥、董培兰的从中说合，于是在得到黄官保证减轻粮银、降低盐价并对所有人概不追究的承诺后，便把黄官放回县城。

黄官回城后，早把承诺抛于脑后，立即拟就公文，向知府呈报阳城发生民变，赵连城率民入城拆毁民房、捣毁盐店，请求派军镇压。泽州府知府马天麟接报后，一面上报省府，一面派守备率兵前往平息民变。赵连城获悉后，火速叫来李聚泰、王法囤商议。商议后决定就此举事，遂聚集各里村民，携带武器，集于侯井村，在侯井村大庙设立“公局”作为办事机构，公推赵连城为总执事、王法囤为左副领、李聚泰为右副领、王致祥为理事长，建立了起事队伍。王法囤即率队伍向城关进发，与官兵遭遇于县城西石圪节，双方交锋，王法囤领导的队伍将官兵打得溃不成军，守备只好退回城内，紧闭城门，等待援兵。赵连城起事军打了胜仗后，士气高涨，声势壮大，很多人来投奔。

山西巡抚王庆云以刁民聚众抗官奏折上报清廷，请求增加兵力，并把知县黄官以“办事不力”之名，撤销职务，委任程国观接任，同时派太原镇总兵官率兵来平息民变。农历八月十五中秋节（1855年9月25日），城里官兵扑向城南五里处山顶王法囤驻扎的黄龙庙，王法囤的队伍仓促应战不敌，只好退至距侯井村五里李聚泰驻扎的佛腰岭合兵抗击官兵，一番厮杀之后，佛腰岭也失守。李聚泰、王法囤只好带领人马奔回公局侯井村，但官兵的步步紧逼，侯井村也随之失守。王、李二人又退到侯井村外赵连城驻扎的寺沟庙，但官兵随即蜂拥而至，双方展开激烈战斗，赵连城的队伍受到极大的损伤，只好躲避至南山中。

侯井村落入官兵手中，留在村内的其他举事主要领导人王致祥等被捕。官兵在侯井村街上横行霸道，许多民房遭到焚毁。官府的衙役、地痞流氓、官兵都借口搜查“叛逆”胡抓乱抢、敲诈勒索，不论商户民家，都遭到抢夺，以至于箱空柜尽、缸破仓干。赵、王、李三人躲避在外，官兵不能捕获，于是便四处巡逻搜查，企图捕获此次民变的三位首领。赵连城所在的上义村、李聚泰老家紫苑河也都遭到了清洗，房屋被烧毁的也很多，赵连城、李聚泰、王法囤的家眷亲属邻居都因此受到了株连。看到这种情况，赵、李、王三人不愿再连累亲朋，也不想看着百姓受难，于是三人直接向官兵投诚，之后，被押往太原，于咸丰五年腊月十三日（1856年1月8日）被枭首示众，至此，阳城“闹盐粮”事件以失败告终。

后来阳城民间将这次起义的经过编成《五更曲》和戏剧予以记录，其中有町店焦家庄焦祖农收集的“闹盐粮”调描述了事情的前期经过，特摘录如下：

一更鼓儿凉，黄官起祸殃。新正初三，风闻闹粮，出火签去带王致祥。衙役出仪门，正差是白章。走到王曲，半夜三更，叩门环正如虎狼。惊动阖家门，大小无主张。闪出老母，方才开腔：“因何事你来带廪生？”狗腿把计生，明知故意装。立逼起身，胞弟后跟。回到衙县官忙坐堂。信板堂堂响，口骂“胆大生：你写合同，大犯纲常！”一霎时押的在礼房。

二更鼓儿清，可恨王永庆。回禀此事，小修知情。出快差去拿赵连城。八班总头领，张米与马林。走到上义，围住门庭。惊动得阖家不安宁。送信到北岭，聚泰不消停。呼唤众徒：“听师说明，拿兵器咱去打差人”。个个遵师命，同去问原因。三言五语。苦下无情，打得他皮破血淋淋。县官气不平，天明到侯井。众人议定，不放回城。庙院里困住黄传绅。

三更鼓儿慌，黄官内心凉："我做此事，满脸无光。后悔难哪知这一场。"叫声老和尚，听我向你讲："你到外边，问问他们，因何事他把门关上？""好话无需讲，趁他避在乡。明天进城，大闹饥荒。"撒传单同去闹盐粮。个个备干粮，手拿矛子枪。走到城边，先到池上，狠一狠推倒石牌坊。绣鞋高槐挂，神主丢厕坑，摔坏桌椅，砸烂皮箱，撕碎了许多花衣裳。

四更鼓儿繁，然后到东关。揭瓦田府，秋毫无犯。可惜了恩赐诰命冠。循城往上看，站立捕役官。你拿大砖，我竖长椽。爬上去狗腿往回窜。同到西盐店，砸个净净干。钱洒满院，毁坏秤杆。前后院砸它一大摊。众人往回返，郭五在街站。"装似百万，怕你扯淡！"进门去操坏他硃砂山。五个新妇人，吓得心胆寒。一身冷汗，全身发软。"这才是今天该遭难"。

五更鼓儿明，户房是田斌。这个贼子，做事不仁，苦害民独霸当经承。捏造银粮证。勾结坏绅缙，粮积如山，田置数顷。究来路尽是讹乡人。先把房拆尽，后把院掘深。摔锅打碗，扒梁下檩，稀茅粪灌了他一身。同到后花厅，把他闺女寻。这个小女，生得聪明，狠一狠把她圪腮拧。砸个干干净，乡人才出城。公议商量，同回侯井，弟兄们慢慢享太平。

此事件发生在太平天国北伐军出山西后不久，虽然最终被官兵平定，但是并不意味着此类事件的终止，十多年后捻军过境，又带来一次像太平天国北伐军临境时那样的担惊受怕的记忆。

### 3. 西捻军过境

与太平军大约同时，咸丰三年（1853）北方捻军起事，战火一起，必定涂炭生灵，遭殃的总是百姓。同治五年（1866）九月十五日，捻军在河南许州将队伍分为东西两路：东路在中原地区坚持抗清斗争，称东捻军；

西路由梁王张宗禹和幼王张禹爵率兵3万，向西进入陕西和甘肃，称西捻军。不久，张宗禹得知东捻军在山东被清军围困，处境危急，遂决定离开陕西进行东征，经过山西、河南，赴山东援救东捻军。西捻军进入山西后，分中、西、东三路向东南各州县挺进。因为以援助东捻军为目的，西捻军途中较少攻取县城。其中只有西路捻军十二月十日，经翼城，到沁水县的东坞岭和黑虎岭，对地方造成不小的恐慌。沁水县邑令陈继三闻讯立即募勇一千五百人，又得官兵百人，与邑中绅士分别坚守各关隘要道，并且设伏击点多处以为援应。捻军闻讯在距沁水城30多公里处，便即转进阳城境内，逼近白云隘，阳城全县因此戒严，邑令赖昌期随即率练勇严防死守，捻军见防守严密，只好离去，于十五日经王屋山到达河南济源，与主力会合。潞、泽两郡因此得以安宁无恙。

虽然西捻军主要是经山西到山东去援救被清军围困的东捻军，所以到达沁河流域的沁水和阳城时，没有长时间停留，并不恋战，也因为沁水、阳城知县守卫得当，才没有遭遇更惨重的兵祸，所以两县民众得以继续享受这短暂的来之不易的安宁生活。但是捻军毕竟经过境内，虽有邑令派兵防卫，但是也不免有疏忽的地方，比如驻守黑虎口的二、三十名官兵闻风逃离，捻军也未停留，但带给民众的恐慌确实存在。以至于当地民众把胆战心惊的境况记录在民间碑文中，把太平军临境、捻军过境与稍后发生在光绪初年的大旱灾相提并论。

除了这次比较大的过境兵祸之外，沁河流域也出现一些小的暴动，虽然规模、影响力远不如太平军、捻军大，但是其对民众造成的伤痛却也是异常深重的，因为暴动的失败，起义民众遭到了直接的杀戮。如1852年7月，陵川郊义里一带百姓抗粮抗税，在县衙集会，遭到官兵镇压。这些反抗的背后就是民众早已经苦不堪言的生活现状，连绵不断的战火虽没有直接蹂躏沁河流域的人民，但是随着战争的进行，日益繁重的税粮却加在这些普通民众的头上，成为仅次于战火的灾难，所以才有不得已的反抗。这虽然比不上光绪初年大旱灾以及其时匪患所带来的苦难，但是恐怕这也算是沁河流域人民经历过的最苦的生活之一了。

### 4. 饥荒与匪患

光绪初年华北发生了特大旱灾，其地域之广，范围之大，被称为有清一代二百余年未有之灾。山西作为重灾区，人口因此损失过半，饿殍遍地，土匪群积，抢掠沿村，公然抢夺之事时有发生。时任山西巡抚的曾国荃曾言："虽晋民素称驯良，饿死而不感为非。但有一种刀匪、盐枭不逞之徒，乘机煽惑勾结爬抢或纠掠富户村庄，或抢劫客商行李，大为地方之害。"饥民被迫为匪，已是一大扰乱社会秩序的力量。同样，在河南与山西的交界处沁河流域一带，会匪、刀客、教匪与饥民聚集在一起滋生事端，动辄数百人、千余人不等，抢劫乡村，一时祸患四起，使得人心惶惶，严重地威胁到地方治安，威胁到当地的安稳。光绪二年（1876）冬天就有流寇作乱，在阳城县河北镇掳掠乡民，使得附近的乡民只好涌向城关以求得庇护。河北镇富裕的家户在这样的荒年时时感受着忧虑与恐惧，贫困者更是肆无忌惮抢掠生事。各村各镇的秩序极为混乱，有些无耻之徒更是成群结队暴虐异常，在这样饥不择食的时候，盗贼蜂拥而起，不是抢夺那些还算殷实一点的人家，就是公然在街上路上干着抢劫的勾当，有的更是丧尽天良竟然盗掘坟墓里的财物，还有的图财害命，盗窃鸡、犬、猪、骡马、牛羊。这些都使得当时的社会风气急转直下，社会秩序混乱不堪，以至于独身一人不敢行路、不敢投店住宿，父子、兄弟、夫妻互相杀害，食人肉的惨状时有发生。官府为了防止饥民作乱，除暴安良，一方面设置赈济局之类的机构招徕饥民，养育被遗弃或父母亲人亡故的孤儿；另一方面则办团练、招募乡勇壮丁来维持治安，遇到抢夺的人即杀于街市，遇到食人者即钉死于城门，用这样的惩罚措施来制止这类过分的行为。

这一时期，山西省对内需要防止饥民趁机作乱、维持治安，对外需要抵御河南聚集在一起的饥民匪徒。因为能用于防卫的兵勇不够用，不能担当防御匪徒的任务，于是时任山西巡抚的曾国荃立刻责成州县就地招募壮勇以杜绝外匪窜入境内作乱，凤台县知县赖昌期，也就是那个捻军过境时在阳城严防死守的邑令，这次也受令招募兵勇四百名，用以防卫关口要隘。

虽然有严密的防卫，但是不少地方还是有匪徒出没。光绪三年（1877）十月初一日，河北镇总兵崔廷桂在山西、河南交界处的耿谷陀会哨，前行至葡萄峪地方时，忽然有一股匪徒数百人从山谷窜出迎拒巡逻的兵勇，势头很是猖獗，庆幸的是立即被督队冲散，后来得知这股匪徒大多是来自外地的人，说与当地人不同的话，穿戴着与当地人不一样的服饰，与饥民情形迥然。后来又探听到消息说该匪首是河南武陟县北十字村人朱登鳌，平日以符咒治病，煽惑乡民，是匪犯张文远案漏网的余党，潜逃至山西与王凤池往来勾结。灾荒时有饥民滋事，朱登鳌原来打算秘密率领其党羽，再纠合辉县之十八盘、武陟之何马等处聚集的民众，绕路窜越省境，与王凤池合伙起事。不料王凤池被官兵捕获，饥民四散，计划未能如期进行。于是朱登鳌一伙匪徒便纠合葡萄峪、马鞍山党伙王凤洲、王凤洛及武陟老达寨赵功等来葡萄峪抗拒官兵。所到之地，焚杀掳掠，气焰嚣张。匪众已发展到七百余人，以青龙洞为巢穴，盘踞葡萄峪，打造枪炮刀矛，秘密联结党羽，赴各处召集匪类，阻塞大路，来防备官军，并焚毁葡萄峪，逃窜至蚕平，崔廷桂已经分兵进击。时任河南巡抚的李庆朝也呈报了类似的情形，并通知山西省府派兵合力剿匪。

有些匪徒多来自今河南修武一带，滋生事端，霸占拦截住道口、清化等运粮入山西的要道，如果不能早日铲除这股土匪势力的话，肯定会妨碍山西省内的赈灾任务。当时也正值灾情严重的时候，兵勇饥饿，困苦难堪，几乎不能承担对内的防守任务，更不用说还要出境配合河南省府共同剿匪了。所以曾国荃便向朝廷请求，让河南巡抚派得力的兵勇，会同河北镇总兵崔廷桂共同肃清匪党，先打通运粮入山西的要道。然后捕获匪徒之后，属河南省的饥民，应由河南省招抚赈济，属山西省的饥民，则由山西省招抚赈济，用来稳固民心，消除饥民滋事的诱因。至于其中本来就甘心为匪、不知悔改的人，则只好缉拿归案，按罪诛戮，希望通过这种办法可以遏止此类扰乱秩序的事情。

本来遭遇千古奇荒已经是最苦难不堪的了，在饥不择食、食不果腹的时候，所有的仁义道德都被抛诸脑后，公然抢劫、杀人、食人肉、掘坟墓的行为更是加重了原本就重的苦难。因为匪患四起、盗贼蜂拥，所以维持社会正常的秩序成为除应对灾荒之外的又一大艰巨任务。总之，越乱就越乱，越动荡就越动荡，在整个晚晴社会里，这样无秩序的状态并不会随着旱荒的结束而结束。

## 5. 阳城义和团

第一次鸦片战争到抗日战争前夕这漫长的100年间，可以说是中国历史上与外部交流和碰撞最盛的时期，但也是在这一时期，中国人与外国人的冲突也同样加剧蔓延，其中外国教士与中国民众的冲突是最激烈的冲突之一。山西作为这次冲突的主战场之一，经历的苦难是无比深重的，沁河流域的民众同样经历了义和团运动。1899年冬，义和团一直在其发源地鲁西北积聚力量，之后，越过直隶和山东交界线，迅速扩展到华北的大部分地区。在山西范围内的义和团运动中，阳城县的石臼、郎山、苏村、柳沟、梁城、泽城、孔寨等地，到处设坛练拳，其中石臼村的义和团规模最大，流血也最多。

当时，阳城县也传进了天主教，一些恶霸和地痞趁机加入天主教，借着宗教的庇护为非作歹、横行乡里，他们一不交粮银、二不向村里缴纳应缴各项村里开支费用，村民都是敢怒不敢言。时值光绪二十六年（1900）阳城年景不是太好，知县叶廷祯也不敢宽限缴纳粮银的日期，逼的乡民几乎不能生存。当义和团一传到阳城后，就以星火燎原之势，迅速点燃了乡民们的斗志。

在这一年农历六月间，石臼村民崔文鼎到高平县买粮，看到了高平县的义和团活动的情况。回来后，就把这些情况向乡民做了一番介绍，并且把带回来的咒语纸条念给大家听：“弟子念咒苦练兵，除灭洋鬼保太平。包公转世擒妖怪，五虎大将把门庭。敬德叔宝来会师，二郎哪吒为先行。刀矛洋枪不过身，冲锋陷阵杀洋人”。随即在周边广为宣传，并组织了十几个十来岁的少年，在村内牛王庙办起义和团来。念咒语的时候，他们分成4组，站在庙院的4个角上，每个人在自己的脚底画一个“十”字，一天念两次咒语，每次念三遍。但因参与人年龄太小，“神人附位”者太少而告终。

时隔几天，村里又有12 名青年人在大庙设坛又活动起来，这一次“附位”的人较多。为首的叫吴张喜，自称“包公”，戴着戏班用的胡须，坐在庙上的首席，为全体团众的最高负责人。吴福年和崔耀光分别称作“关平”、“周仓”，其余还有“九女星”、“太阳星”、“五郎”、“六郎”、“杨宗保”等。他们腰束红带，头裹红巾，念的咒语也是“弟子念咒苦练兵，除灭洋鬼保太平。包公转世擒妖怪，五虎大将把门庭。敬德叔宝来会师，二郎哪吒为先行。刀矛洋枪不过身，冲锋陷阵杀洋人”。他们面朝西北焚香三遍，躺倒在地，一会跃身而起使拳弄棒，叫作“神附”。当时，石臼村附近窑圪坨村也组织了义和团，领导人叫王崔古，自称“玉皇爷”，他们和石臼村团民相互联合，声势很大。之后，郎山、西冶、孔寨、苏村、泽城等地纷纷成立义和团，义和团在阳城一时形成高潮。

当时有很多关于天主教的传言，有的说天主教剪些纸人并施法以此来伤人，有的说天主教在水里下毒，祸害百姓。为此，吴张喜就经常带领团众出村去破天主教的“阵”，具体做法是自称“神人”，指出天主教在某地布下了“阵”，然后去这个地方掐指念咒，在石磨底下或者石头下找出一点红布、红线之类的东西，就算破了天主教的“阵”了。但是义和团众这样的作为引起一小部分人的不满甚至阻挠。

石臼村富户吴水旺就对义和团的活动产生不满，他专门去铁贯沟村的一个天主教徒家里住了两天，了解天主教的情况后参加了天主教。回村后，直接将带回的天主教符放在义和团团部的桌案上。傍晚时分，吴水旺关住自家大门，骑坐在屋脊上，右手执红灯，左手执厨刀，敲着屋脊，念念有词，要求义和团停止活动，否则天明后他就要把全村人斩尽杀绝。村里义和团民看到这一举动，就知吴是受了天主教的指使，随即将吴宅包围，旁边窑圪坨的团民闻讯也过来助战。吴在屋顶上也不示弱，双方相持到半夜。最后，一个团民先用石子把吴的灯笼砸灭，另一团民爬上屋顶，将南楼房顶揭开，跳下去开了大门，放进全村团民。接着又一个团民攀上房顶，用桑叉将吴挑下院里，大伙用砖头瓦块将他当场砸死，随即把尸体拉到村南的圪节汪，先铡后烧。3天后，团民又将扬言要为其父报仇的吴水旺儿子吴三海铡死焚烧。

这时，在石臼催粮的官府差人延福将看到的情况向知县叶廷祯做了报告，知县叶廷祯随即派专管缉捕的典史郑道湜、城守营把总宋富贵带领官兵30人、捕役15人，前往石臼“剿捕”。这时，在距城10余里的马山腰放哨的石臼团丁发现了从城里出来的官兵，即飞速返村报信。团民得信后，鸣锣聚众，全村马上沸腾起来，手执长矛、砍刀、尖担、木棍走向村外迎击官兵。行至村北的寨岭时与官兵相遇，宋把总见团民势众，不敢前行，只有郑典史勒马上前，喝令答话。谁知一言未毕，胸前已中一铁鞭，口吐鲜血跌落马下。团众见状遂奋勇进击，杀的官兵弃甲而逃。团众将5名俘虏（包括受伤的郑道湜）拉到圪节汪，腰铡三截，架火焚烧。

当夜，逃脱的宋把总返城向叶知县哭诉。叶廷祯大惊，慌忙下令紧闭城门，令城内壮丁上城防守，并连夜呈报泽州府，并将石臼村写成“十九村”以引起重视。府署即派杨某带兵来“剿”。义和团首领吴张喜、吴福年、崔耀光等人呈报见事情闹大了，于是悄然躲走。而其他团众听说官兵快要进村了，才开始到大庙集中，人员还未齐，府兵已至庙后。团丁崔学考奋勇登屋，准备揭瓦俯击，谁知足还未稳，庙后府兵抬枪射击，就被子弹击中眼睛从屋顶跌下被俘。府兵怕内有埋伏，也不敢进庙，大声喊：“不是义和团的人等出来，保你们安全无事”。随之大部分团丁便乘机出庙，四散而逃，庙里仅留下老弱及和尚。府兵一拥而进，当场击毙酒来山、张小朝（已60多岁，神号七仙女）和11岁的住庙小和尚隆兴。隆兴的师傅狗锁和帮义和团打造兵器的铁匠吴小全都被活捉，11岁的团丁崔某负伤后不治而死。另外杀死了外逃来的山东牛工老王，活捉了老王的儿子王有呆。之后，杨某又率府兵前往窑圪坨“讨伐”以王崔古为首的义和团众。

当时，窑圪坨的义和团首领王崔古闻讯正赶赴石臼村援救，当府兵走到石臼村南白腰路上时，只见王崔古头顶红缨帽，身穿官绸衫，骑着小毛驴，手拿两股叉，哈哈大笑前来迎拒。当府兵还弄不清来人是啥情况，王崔古已举叉刺来，一府兵用刀架住，另一府兵随手一刀，砍在王崔古的右脚上，王崔古大叫一声，落地被俘。其他团众见状纷纷逃散。

府兵返城途中，把王崔古抬入箩筐，把崔学考驮在驴上，又将两个死者枭首示众，还将其余4 人捆绑解押。天明回到城内，王崔古最终被凌迟处死，崔学考被钉在南城门上，叫喊数日而死。事后，知县察知，石臼村社首吴东旦、崔玉春和张壬午3 人，因受义和团指挥对郑典史行刑，便把他们三人连同王有呆、吴小全和和尚狗锁送府“正法”，首领吴张喜的父亲吴小禄也被押在狱中活活饿死。在这一过程中，石臼村和窑圪坨被杀害可计者14人。

在此同时，郎山村的义和团也十分活跃。该村有南北两个小庄，几十户人家，有业余戏曲传统，曾出过几个有名的职业演员。这一年，村子里的郎戊辰跟着他的父亲掌鼓板的郎义周在高平唱戏，参加了义和团。郎义周怕孩子闯祸让他回村来住，郎戊辰回到村后，便把高平义和团的活动介绍给同村人，马上吸引住许多年龄与自己相仿的人，于是就设起神坛聚起义和团。当时参加的有郎鸣德、郎启明、郎法香、郎圪旦、郎法兰、郎玉兰，义和团众将村名改为“张德元”，专门与天主教徒“二毛子”作对。他们在李会腰地方烧死了一个引起民愤的天主教徒，得到附近各村受“二毛子”欺压的村民的拥护。附近西冶村人还亲自到郎山请他们破天主教的“阵”，替老百姓出气。他们曾先后三次到过西冶的寺沟村。这些团众在西冶等地铡死了几个人人痛恨的“天主教徒”，受到普通民众的赞许。随着石臼村义和团的被镇压，郎山的义和团活动也遭到压制，最终归于失败。

对义和团的记忆，当地羊泉乡小西沟村刘克仁口传的“唱义和团”的小调，或许是义和团带给当地人的最真切的记忆了。词如下：

庚子年闰八月朝中大乱，从天上降下来义和神团。义和团下世来英雄好汉，杀洋人烧洋楼大刨心肝。只杀的洋鬼子东逃西散，又杀的血流成河尸骨堆山。义和团归天去黎民遭难，老光绪从北京跑到长安。董福祥在病床两泪汪汪，哭了声我的主光绪皇上。忙修书送的在午门以上，老皇太假惺惺泪珠两行。才知道董福祥保国忠良，大骂声李鸿章卖国奸党。

## 6. 农民反增赋

光绪初年的大旱灾还没有被彻底的遗忘，义和团带来的血腥也才刚刚过去，阳城又发生了饥民起事。

清朝光绪二十八年（1902）夏，全县夏麦歉收，秋禾逢旱，不少农民还未入冬就开始借粮度日。时任知县罗广照不仅没有采取措施积极救助，反而将秋季下忙钱每亩加征10文，并派差役下乡催缴。在这样的压力下，章训都10个里的饥民被迫铤而走险，上千名民众扛着锨、镢、犁、耙浩浩荡荡赶往县城请愿，沿途各村村民也随之参加进来。

知县罗广照闻讯，速令禁闭城门，责令守城营全部人马上城严加巡守。民众到来后只得先将县城团团围住，向县令请愿，并在城东、南、西三门分别驻扎，日夜焚火示威，并向城上高呼，要县官出城答话，表示若不减轻田赋便永不撤离。几天过去了，城外城内争执不下，民心浮动，罗广照束手无策，只好答应让民众选出代表进城协商。民众怕进去后遭遇不测，便坚持要县官出城来商谈，罗广照拗不过民众，在官兵的护卫下只好出城会见。怕发生意外，罗广照出城后立即指定尧沟庙老和尚本立和孙沟卢小二等民众代表，负责维持秩序。许多民众当面指责罗广照：“你身为父母官，不仅不体恤民众疾苦，反而增加赋税，是何居心？难道要把我们逼上梁山不行？”还有部分群众举着锨镢要痛打知县，以出恶气。经过几番争执之后，罗知县被迫答应了民众减赋的要求。最终结果是减去了加征的部分赋税，缓征了当年应征田赋。面对大批官兵护卫的场面，请愿代表也觉得害怕，既然目的已经达到，也为了避免发生流血事件，便动员民众撤离了县城，反增赋事件最终结束。

虽然这一事件较为平和地得到了解决，但却是那个年月动荡不安的一个真实写照。

### 7. 洪汉军

进入20世纪的清朝已经千疮百孔，各地大小动乱不断发生，到了宣统三年（1911），在山西南部兴起了一支名为“洪汉军”的队伍，这支队伍的首领叫陈采彰，是浮山县北王村人，于同治十一年（1872）出生在一个贫寒的家庭。陈采彰青年时喜欢练习拳术，后因生活所迫在城守营当了一名练勇，后升为什长。这一时期，他耳闻目睹了许多不平之事，对现实的不公平以及黑暗深恶痛绝，便暗地里发展哥老会组织，伺机起事反清。辛亥革命起义的枪声传遍中华大地，在清政府日薄西山之际，陈采彰趁此机会带领城守营的兵勇一举响应。后来因劫富济贫而声名鹊起，声势逐渐壮大，威震四方，各地纷纷有人来投奔，队伍很快发展至三千多人。

1912年，民国建元，洪汉军进攻沁水，山西督军阎锡山派辽（平阳，今临汾）、沁（沁州，今沁县）、潞（潞安府，今长治）、泽（泽州府，今晋城）镇守使杨沛霖越境捕剿，在浮山县关家河被洪汉军打败，杨沛霖当场被击毙，洪汉军更加士气高涨。

1914年夏，陈采彰率军东进，占据了沁水以东的榼山寺（现端氏镇境内），准备攻下阳城，再取泽州。正值筹划之际，有阳城境内开福寺僧人清池长老前往沁水探亲，行至榼山寺边，被洪汉军捉拿上山查问。陈采彰等人怀疑他是阳城方面派来的侦探，清池从实禀告，说明自己是来探亲的，并有榼山寺老方丈作证，这才稍稍去除掉陈采彰的疑虑。但还是不让他返回阳城，只允许他跪在大雄宝殿诵经念佛。一日深夜，清池长老趁洪汉军睡熟之际逃出榼山寺返回阳城，次日便到县公署通风报信。县知事张应麟得知此消息后，一方面下令封闭城门，不许任何人出入，以防不虞；一方面赶忙向上级报告情况，请求援助。得知此事后，阎锡山火速从平阳调兵一营，会同阳城县民团前往榼山寺剿捕洪汉军。

这一年农历七月十三日，官军刚到榼山寺附近，即遭遇洪汉军榆木大炮的攻击，首轮交锋就被打得落花流水，败下阵来，官军撤回阳城。平阳援军营长借口阳城民团不听指挥，导致营兵散乱不堪，无法获胜，并要求县知事处置民团首领。县知事张应麟偏听一面之词，下令把民团团长刘锡恩看押起来。这一举动引起民团不满，闹得满城风雨，人们大骂县知事和援军营长，该营长见势于己不利，于是又请求县知事张应麟释放了刘锡恩，以平息民怨。当天晚上，该营长听说泽州保安队也来阳城增援，正驻扎在县城东关，自觉无能为力，于是带一营官兵连夜离开阳城。第二天，泽州保安队长贾青海进城到该营驻扎地拜访，却已不见该营踪迹。

贾青海于是只好同县知事张应麟、民团团长刘锡恩商议剿除洪汉军的对策，最终决定兵分三路，第一路由刘锡恩带领民团打前锋，并在县衙库内抬来榆木大炮一座，由刘锡恩所部使用；第二路由警察局长李逸仙带领城防军接援；第三路由贾青海带领保安队督后，并兼任总指挥。三路军即日启程浩浩荡荡地向榼山寺进发，试图一举剿灭洪汉军。

洪汉军陈采彰未料到官军三路进攻，加上之前并没有做好充分的作战准备。当刘锡恩带领民团冲上山巅，后两路官军也紧随其后涌上山来。洪汉军已觉不敌，双方开战不久就被打散，一部分兵丁逃往阳城八甲口，被民团俘获。另一部分由洪汉军小首领罗八英带领逃向阳城南山，至南乡碑岭村时，被武教师李福有截获打死。洪汉军大首领陈采彰看到大势已去，便带领余部由后山撤离阳城，之后转战浮山、安泽一带。直到1915年，陈采彰病逝，洪汉军便自行解散。

洪汉军的活动发生于清朝即将灭亡时那段无政府的缝隙里，仅是那个混战时代的一个点缀。真正的军阀混战所带来的混乱要比洪汉军大得多。中原大战后，退居沁河流域的军阀孙殿英部队为非作歹的行径，就展现了军阀割据下民众的苦难生活。

## 8. 溃军为非作歹

军阀割据时期，山西属内陆封闭地区，虽在阎锡山治下还算安定，但是也免不了战火的波及。中原大战主战场虽不在山西境内，但是阎锡山、冯玉祥集团反蒋失败后，退回山西的军队给当地民众造成了不小的伤害。

1930年5月中原大战爆发，至当年农历八月中旬，大战以阎冯大军的失败而告终。阎锡山的溃军（第六军和其他军的一部分）就近分两路由河南省退至山西省陵川县境。一路是从河南修武上山，经陵川夺火等地，退往晋城县境内。另一路是由河南辉县博壁上山，经陵川县武家湾、爽底、横水河等地，退到陵川县城。这些溃军沿途见人就抓，见东西就抢，见牲口就赶，搅的陵川广大人民四处逃窜、妻离子散、露宿山野、忍饥受饿，日夜不得安宁。尤其是陵川县武家湾、夺火等地民众，遭受溃军的践踏和蹂躏更加严重。粮食被抢走，衣物被劫去，就连仅存的山货也被抢的一干二净。溃军的胡作非为导致当地百姓食不果腹、衣不蔽体。如甘井掌村被溃军的一个排抢夺一空，家家户户无法生活。路过夺火的溃军，除抢空室内的东西外，还到处砸墙破壁寻找财物。当时全县被抢走的各种财物无法估算，仅晋城被溃军抢夺的骡马就有四五十头。不仅如此，更令人痛恨的是这些溃军还到处强奸妇女，残害人民。庙洼村有一个名叫圪妻孩的女孩，年方十七八岁，正准备出嫁，因溃军到来，随母亲到山沟里逃难，不幸的是还是遇到了溃军，被八个匪徒轮奸，以致昏迷不醒。城西寨河村一个开饭铺的妇人，因没来得及躲避，被几十个溃军活活轮奸致死。这些伤心往事，提起来让人心隐隐作痛，直到如今老人在哄哭闹的孩子时还拿“老阎的大兵”来吓唬，可见溃军带给陵川人民的苦难之深。

当时充任阎冯联军第四方面军第五路总指挥的孙殿英，中原战败后退居沁水、阳城、晋城、陵川、高平长达三年之久。此间，各县均成立了支应差务局。孙军在晋催粮逼债，抢劫财物，大量制造“海洛因”、“小料面”、“金丹”、“机器棒”等毒品，日产百余斤，并盗掘大量古墓将宝物掠走。在陵川，孙殿英1930年率部进驻，驻扎在杨村、沙河等地，在东

东陵大盗孙殿英

尧开设了鸦片交易场。当时陵川县长库增银曾组建了巡缉队，假意抵制孙殿英的毒品入境与倾销，实际上暗中却和孙殿英合作买卖鸦片。在高平，1931年1 月，孙殿英指使刘月亭师将清朝两广总督祁贡的坟墓盗挖。同年2月，五路军连长孙思圣将马游村富户崔根旺及一商人绑架，称“起肉票”，索要2000元大洋后又因分赃不均而抬高票价。后县长郭同仁出面干涉查办，孙思圣及同伙将“肉票”用绳勒死弃于井中，名曰“撕票子”。后郭同仁与孙殿英当面对质，敦促刘月亭下令将孙思圣等21名罪犯枪决，但事情不了了之，到1932 年时，五路军便撤离高平。

在沁水，孙殿英所部孙授民全团粮草由沁水人民供给，催粮逼款，鱼肉乡民，白天荷枪实弹，招摇过市，检查行旅，名曰“维持地方治安”，夜间抢劫财物，奸污妇女，无恶不作。上木亭窑圪台李群牛被烙铁烧伤，逼命要钱，良家妇女被孙部肖连长强娶作妾。五路军从河南贩来大量毒品（金丹、圪棒），派往各村销售（每盒50排，每排30枚），每盒售价银洋50元（零售每枚五分）。村公所又将毒品强行派到各户，限期交款，对民众毒害之深，可想而知。孙殿英的部下到沁水也四处偷窃文物。副官徐润泉将上木亭西堂和郎必玉清宫的壁画、玉溪的右棺、张峰的千佛碑都盗走。1933年，孙授民部调离沁水前夕，将北街“东裕合”盐店包围，闯入店内声称：“孙团长奉命西调宁夏，负责屯垦。路途遥远，军费欠缺，暂借五千元，随后奉还……”。掌柜不敢违抗，将现款两千元，全部“奉送”。五路军离沁时，县公署竟赠送所谓“万民伞”，并在碧峰寺为孙团长树“德政碑”，恭送出境，被沁水民众引为笑谈。

沁河流域晋城民众虽不是战场，但溃败的阎冯军队横行乡里，鱼肉百姓，民众遭受的侵凌绝不亚于一场直接的战争。

## 9. 民众抗匪

抗日战争时期在陵川有两次比较有代表性的民众抵抗匪兵事件。一是锡崖沟民众灭匪自卫事，一是南河村群众抗粮事。

首先是锡崖沟民众灭匪以自卫。1939年12月，国民党二十七军耀武扬威地开到陵川，他们吃老百姓的，喝老百姓的，却不保护老百姓，日本军队一来，却往大山里窜，还趁机抢劫民众，于是民众把他们消极抗日、残酷压榨百姓的形象说成时“吃高平，驻陵川，大炮一响武家湾”。到1943年3月，日军大举扫荡太行，盘踞陵川，二十七军望风而逃，溃不成军。5月，国民党四十军军长庞炳勋，新五军军长孙殿英先后公开投敌，二十七军军长刘进率残部逃过黄河，所剩余的散兵聚集成匪兵，自立番号，胡作非为，甚为猖獗，害得群众妻离子散，十室九空，白骨遍野，荒草满村，群众忍无可忍，纷纷起来反抗，其中最数锡崖沟灭匪战绩辉煌，堪称壮举。

那时，二十七军有个杨营长，带着100多个残兵，躲在山林里不敢进村。正是无处可去之际，杨营长想到锡崖沟村副马青武曾对他说过锡崖沟是个藏身好地方，四面高山，中间深沟，峭壁悬崖，易守难攻，日军大扫荡三次也没能踏进一步。于是他带着一连残兵奔锡崖沟而来，他与村副马青武商量，把枪支弹药集中埋藏在西崖村郎成贵家的菜窖里，士兵脱下军装，扮作老百姓，分散在各家养活。匪兵们见杨营长整天大吃大喝，敲诈勒索，就又胡闹起来，打骂群众，刨地窖抢粮食，杀鸡宰羊，向闾长苏四月逼着要粮食，实在无粮可给，就吊在树上痛打，直打得皮开肉绽，还用铁棍毒打村民宋守山，又烧村里的房。锡崖沟群众对这伙匪兵表面上虽然不得不应酬，但暗地里却都十分愤恨。

村民无处申冤，在忍无可忍的时候，村民董怀玉、董怀耀、牛成玉、董怀富等人，当过兵，又有胆识，秘密召集各小村一些有威信的人，秘密商议灭匪计划。并具体安排战斗任务，作了严密分工，有负责刨枪的，有监视匪兵特别是杨营长的，有站岗放哨的。最后定于农历八月二十七半夜，只等刨出枪支，分到会打枪的人手中，就以鸣枪为号，一齐动手捆绑捉拿匪兵。这天半夜分散在几十个家中的匪兵一个一个被武装的村民叫出，说是解往司令部去，实际则把这些匪兵推下附近的万丈深渊，一夜就消灭了匪兵127人，缴获步枪108支，轻机枪6挺，掷弹筒3枚，子弹千余发。

然后就是南河村民抗粮事。1943年冬季的一天早晨，有三个不知姓名，自称国民党二十七军的军人，来到陵川县丈河编村南河村，提出要70元现洋，七八担粮食。这里的群众因虫灾和旱灾，粮食颗粒无收，群众饿着肚子无法生活，没有粮食给他们。村副听说二十七军来要粮要钱，早就躲了起来。那三个人找不到村副，就把村副的三弟武锁生捆起来在老庙上吊打逼问。群众听说抓了人，三三两两来到老庙上，村副因为弟弟为他受苦，也只好出来应付差事，一边派人给要粮者做饭招待，一边和他们商量放人的事，群众七嘴八舌地说："我们还饿着肚子，要粮食和现洋没有，锁生没有罪，应当放了他。"要粮人却说："给了我们粮食和现洋就放人，不给就将人带走。"说着带着锁生就走，走到庙圪台，四五十名群众拦住了他们，要粮人不仅不放人，反而开枪打死了村民靳明瑞、武德玉和张喜成，武锁生也被打伤，躺在血泊中。这一过激行为激起了手无寸铁的在场围观群众的愤怒，围观群众就用石头瓦块向要粮人砸去，其中一个人被当场砸死，其余两人吓得仓皇逃跑，南河村群众因此保住了自己的生命粮。

# 五、同仇敌忾：抗日烽火耀太岳

中国人民抗日战争，是中国近代以来抗击外敌入侵第一次取得完全胜利的民族解放战争。在长达八年的抗日战争中，中国人民用自己的血肉之躯，用自己顽强不屈的意志捍卫了国家、民族的尊严，取得了伟大的胜利。在这场战争的背后，有多少个中华儿女前仆后继，共赴国难；有多少个爱国将士浴血奋战、视死如归；有多少仁人志士投笔从戎，征战沙场；有多少平民百姓默默奉献，支援前线；一个个鲜活的故事至今感天动地、可歌可泣。当我们回忆沁河流域的抗日战争往事时，当我们想起烈火燃燃的太岳战场时，那一幕幕往事都浮现在眼前。

## 1. 建立根据地

太岳革命根据地是晋冀鲁豫边区的重要组成部分，发轫于晋冀豫敌后抗日根据地。抗日战争时期，太岳区是中共中央联络山东、华中等敌后抗日根据地的交通要道，是中共中央北方局和八路军总部所在地太行区的西南屏障，又是问鼎中原、保卫西北的前哨阵地。

太岳山脉东连太行山，西望吕梁山，南接中条山、王屋山，山峦起伏，沟壑纵横，森林茂密，物产丰富，具有优越的自然条件和重要的战略地位。在太岳山脉建立根据地一方面可以真正进行山地游击战争，使其作为坚守山西以至华北抗战的一个重要战略支点；另一方面可以与太行山、吕梁山的抗日部队相互配合，保持八路军在战略上的主动性。1937年10月底，中国共产党山西公开工委组建和领导的山西新军决死第一纵队，奔赴太岳山脉北部地区的沁源、沁县等，在一二九师支持下，发动群众，进行战争动员，打击贪官污吏，实行合理负担政策，建立群众武装，创建抗日根据地，在短时间内在同蒲路以东、白晋路以西、临屯公路以北的岳北地区打开了局面，奠定了太岳革命根据地的基础。与此同时，中共山西工委建立的长治特委、中共河南工委建立的豫北特委开辟了晋豫边区，中共山西工委的河东特委、曲沃特委开辟了中条山根据地，这样，太岳山脉南端的根据地得到了开辟。此外，中共山西工委建立的洪赵特委在八路军第

薄一波（中）、安子文（左）等1941年秋在沁源县阎寨村

一一五师和山西新军决死第二纵队的支持和密切配合下，开辟同蒲线（灵石、霍县、赵城等县）汾河以东、太岳山脉西部地区为根据地。至此，太岳山的北部和南部、西部已经开辟了多块根据地。

1939年末至1940年初，国民党发动了第一次反共高潮之后，太岳根据地依据中共中央指示及朱德与卫立煌划界驻防协议，八路军和山西新军主力撤出太岳山脉南部的晋豫边区和中条山地区。1940年，中共太岳区党委、山西三专署路西办事处和太岳军区先后成立，太岳革命根据地正式形成，成为一块相对独立的战略基地。太岳革命根据地的区域随着战局变化和形势发展，时小时大，呈不固定状态。1941年中条山战役，国民党大溃败后，这些地区沦入了日军的铁蹄之下。太岳军区为收复失地，组织南进支队，于1941年秋和1942年春，先后重新开辟了岳南地区和晋豫边区，致力于晋豫边区抗日根据地的建设。在1942年底至1943年初，晋豫边区与太岳区合并，使太岳革命根据地向南大大发展。

总体来看，太岳革命根据地的大致范围是，同蒲铁路以东，白圭到晋城公路以西，祁县白圭至汾河东岸以南，黄河以北的地区（以下简称太岳区）。太岳区依自然地形，习惯上又分为三个地区：临汾至屯留公路以北称岳北地区；临汾至屯留公路以南，曲沃到高平公路以北称岳南地区；曲沃至高平公路以南，黄河以北称晋豫地区。

八年抗战期间，太岳区经受了日军的反复“扫荡”和自然灾害的多次侵袭。但在这些战争和天灾的面前，顽强的太岳军民以坚不可摧的信念，浴血奋战，殊死拼搏，最终迎来了八年抗战的胜利，用鲜血和泪水谱写了壮丽的篇章。

## 2. 抗日运动

随着太岳根据地的建立，这块土地所承载的便是战争的硝烟，人民的热血。在太岳根据地的抗日斗争中，多少场我们能叫出或是叫不出名字的战斗，能记住或是记不住的战役就发生在这片土地上，那些鲜活的生命，就在这一次次的战役中消失，却也激励着后来人为民族的胜利、抗日的胜利前仆后继……

### （1）沁河流域的典型战役

**町店之战**　町店，位于山西省晋城市阳城县县城北部10公里处的芦苇河畔。町店之战发生在1938年7月初，日军第25师团一个机械化连队，从陇海线北上山西，企图通过打通从晋城经阳城到侯马的交通运输线，把战争物资运往晋南。八路军获悉后，由一一五师三四四旅旅长徐海东率领六八七团和新兵营组成一个支队，从长治出发，于7月1日到达町店北山。徐海东在勘察地形后制定了作战计划。一二九师七七二团也接受了阻击任务，晋豫边区的游击队从驾岭出发到圪针树一带配合行动。2日上午，营级主干在苏甲岭召开了秘密紧急军事会议部署伏击战，具体为：由文化团一、二营占领町店东北侧制高点，伏击围歼进攻之敌。三营在町店东10里的美泉打援，断敌退路。当日晚，日军第二十五师团1000余人，

町店战斗烈士纪念碑

乘坐四五十辆汽车，从晋城向阳城进犯。在沁河东岸河头用重炮向下孔寨和小河口发起猛烈的轰击，用汽艇把汽车渡过沁河，到达了芦苇河下游。3日上午，日军两辆汽车沿河而上，提前探路。12点左后，引导全部汽车行进。当日，天气炎热，隐藏在战壕里的八路军战士们，汗流不止，却依然坚守岗位，静心等待即将到来的敌人。下午1时左右，日军开进伏击区，此伏击区上黄岩，下义城，中间为町店。在日军忍受不住炎热下河洗澡时，埋伏在柏山树林中和柳沟里的战士一冲而出，向敌人车队发起了猛攻，用刺刀与敌人搏斗，结果敌人全部枪支被夺。同时，八路军从五龙沟、义城、八里湾、南堂沟冲出来，分段包围了赤身裸体的日本军人。敌人见势不妙，仓皇而逃，死伤大半，残余的日军落荒而逃。日军败退到了下孔村，把一些尸体和重伤员都在河滩上烧掉，又窜到王家庄渡口，准备用木船渡河逃走，被八路军六八七团三营的战士们切断了退路，在多次强行渡河均未得逞的情况下，便从小河口退回到清水磨继续抵抗。紧追不放的八路军战士从云拱寺沟出击，全歼企图逃窜的敌军。7月4日，日军数架飞机在下孔、八甲口等地区反复地进行轰炸和扫射，9时左右，敌军第十五师团骑兵数百人，由西顺河而下，向町店扑来。六八八团迅速在下黄岩将敌人骑兵包围。晋豫边区游击队在上黄岩把守，不让敌人逃出并阻击援兵。日军被围在上黄岩至美泉这段河槽里，乱成了一团，敌人骑兵很快就被六八八团和新兵营歼灭。町店一带敌人受到了八路军的伏击，死伤惨重，组织残兵败将反攻，又被八路军击退到河南岸。黄昏时分，敌人企图突围夺路逃走，遭到了晋豫边区游击队的沉重打击。担任着阻击东路援兵的六八七团三营激战到了深夜，打退了敌人多次进攻。日军全线失利，带着伤员向晋城溃败。7月6日，日军在炮火的掩护下，从东西两路窜进了町店河，沿河只留少数部队收拾尸体，其余集结在大宁、町店、上孔等地，分三路进攻三四四旅指挥部驻地——苏甲岭、张山一带，而此时，八路军早已经转移。在这次战役中，抗日军队共击毙敌人约800人，打伤约300人，俘虏4人，缴获的重机枪3挺，机枪300余挺，步枪900支，掷弹筒110门，六〇炮18门，战马120匹，大刀200余把，烧毁和击毁汽车30辆。町店战役中我抗日军队获得全胜，迟滞了日军的增援行动，策应了国民党军在曲沃地区的作战。

**董封抗战**　董封位于阳城县城西南24公里处。1940年，日军盘踞阳城县城后，侵略的触角伸向县城以西的中条山脉。国民革命军第十四军第八十三师驻索泉岭一带，第八十五师驻董封临涧，第十师驻河北、杨岭一带，在南部山区形成了一道坚实的防线。担负着保卫中条山任务的国民革命军第十四军得知日军将要“扫荡”中条山的消息后，在军长陈铁的率领下，将部队撤出了次营、庄头、董封、临涧等驻地，开往中条山一带。7月17日，日军先遣派部队从沁水沿中村，朝阳城而来，当日军进入董封鹿渠沟口濩泽河槽时，遭到了八十三师的上下夹攻，被围困在河槽内打得晕头转向。虽然多次组织反攻，都被击退，伤亡惨重。日军看事不妙，急忙带着残兵撤向董封北岭，沿山逃跑，鹿渠沟口一战告捷，击毙敌人40余人，缴获战马20余匹，大振十四军士气。

18日下午，被激怒的日军气势汹汹，兵分两路，向南山扑来。一路从周壁、侯井而来向南山的六口岭、瘦驴岭一带进攻；一路从沁水而来，向白龙庙方向进攻。防守在南山的十四军三十三师、八十五师、十师已预料到敌人会展开疯狂的报复，早就做好了迎战的准备。他们利用有利地形，拉长了战线，设置了埋伏，采取诱敌深入的部署，等待着日军的到来。

八十三师二五四团，负责阻击白龙庙方向进攻的日军，在侯团长的率领下，埋伏在苏岭的西岭圪堆，并让部分队伍在郭马岭下与日军接火，边打边退，引诱敌人进入埋伏圈内，二五四团居高临下，向日军开展猛烈攻击，日军被重火力打得抬不起头来，慌张地向来路突围。二五四团冲锋陷阵，勇猛追击，把突围的日军打得节节败退，日军退经郭马南面的白龙庙时，纷纷涌向庙内，想借着庙宇当作掩护，负隅顽抗。日军大部刚进入庙内还没有来得及喘息，二五四团就用机枪封锁庙门，将庙外剩下的敌人歼灭，又在庙宇的东南高丘上用机枪，手榴弹向龟缩在庙内的日军攻打。二五四团在十四军山炮连配合下轰击白龙庙，日军成了瓮中之鳖，直到夜幕降临，才借着茫茫夜色和浓重的硝烟作掩护用机枪、刺刀在庙后墙上打开了一个大洞，带着残兵逃往郭马，八十三师只用了半个小时，就占领了白龙庙，当时天已傍晚，又下起了小雨，八十三师乘胜追击逃往郭马的敌人，在郭马岭后遇到了日本援军袭击，日本援军凭借着有利的地势，火力猛烈，二五四团孤军奋战，打得十分艰苦，因不清楚对方的情况，不敢贸然出击，只好以守为攻，等待八十三师的援助。双方局势形成了对峙，枪炮声时急时缓，接连不断。退缩于郭马的日军见自己的援军占了上风，想

董封抗战遗址白龙庙

趁机顽抗，他们逼迫当地百姓冒雨上阵地运送军火，抬伤员，途中，一些人惨死在侵略军的刺刀之下。当晚，丧心病狂的日军在郭马村抢劫财物，抓丁杀人，烧毁房屋，屠杀牛羊，所到之处，一片荒凉凄惨的景象。

19日晚上，为了解救危难中的百姓，尽快结束战斗，八十三师在军部的指挥下，重整旗鼓。师长陈武亲临火线指挥作战，他灵活调动军队，先补充了白龙庙的兵力，又调兵轻装绕道向郭马东侧沟对面梁圪堆、西侧叶凹两处靠近，排兵布阵，配合二五四团尽快解决郭马的敌人。20日凌晨5时左右，十四军见时机成熟就向南山发起全线进攻的命令，八十三师发起围攻，日军救援军队吓得慌了手脚，火力渐渐变弱，郭马的敌人，见大势已去，慌忙破坏老百姓的门板、木制家具，用火点着，将自己不能行走的重伤兵架在火上烧死，然后匆匆向董封方向逃去，逃到了南大河口，滚滚的山洪挡住了日军的去路，驻扎在临涧一带的三十五师也出兵追击，日军为了保住性命，只好拼死跳入河里游泳渡河，恰好当时又下起了大雨，山洪暴涨，河流湍急，日军很多人马被山洪卷走，溺死者不计其数。

与此同时，从县城而来的日军于19日在六口岭、瘦驴岭、矿洞岭一带与八十三师交火，战斗打得十分激烈，日军求胜心切，多次反扑，都被八十三师击退。日军见强攻不能取胜，便连夜向东急进，想在后庄、观腰、驾岭一带偷袭，但日军队伍还未能到达驾岭，就被防守严密的第十师截击，伤亡很大，日军的阴谋未能得逞，只好顺着原路退回坡丰、柳泉一带，当十四师20日凌晨发起总攻的时候，日军士气低落，粮草不济，八十三师冲下山来，日军无心迎战，只是拼命地向坡丰渡口逃走，渡口河面宽，但水势汹涌，不少强渡的日军走到河心便被激流卷走。后来，日军在两岸拉上了绳索，部分士兵才活着逃出县城。

在这次战斗中，日军死伤六七百人，十四军也遭到了损失，死亡二三百人，抗日士兵做出了巨大牺牲，给当地的人民留下了深刻的印象，以至于当地的老人们在谈论到国民革命军第十四军抗日的事件时，都赞不绝口地说："十四军八十三师能吃苦，仗打得硬，白龙庙那一战，打得漂亮"。

**中条山战役** 中条山，位于山西南部，东北起于绛县横岭关，向西南延展至黄河边缘，长约140公里，宽约50公里，呈长条形直立于运城盆地和黄河谷地之间。它与太行山、太岳山、吕梁山互为犄角，平汉、同蒲铁路分通其两侧，晋（城）博（爱）、晋（城）阳（城）、沁（水）翼（城）等公路纵横其间，具有“瞰制豫北、晋南，屏障洛阳、潼关”的重要战略地位。抗日战争全面爆发后，随着山西各主要关隘的相继失守，中条山的战略地位愈加重要。对中方来说，占之，即可以此为根据地，瞰制豫北、晋南，屏蔽洛阳、潼关。进能扰乱敌后，牵制日军兵力；退可凭险据守，积极防御，配合整个抗日战场。就日方而言，得之，即占据了南进北侵的重要“桥头堡”，既可渡河南下，问津陇海，侵夺中原；又可北上与其在山西的主要占领地相连接，解除心腹之患，改善华北占领区的治安状况。所以，中条山地区被视为“抗日战争时期关系国家安危之要地”。参加这次进攻作战的日本军队有第二十一、第三十三、第三十五、第三十六、第三十七、第四十一等六个师团，第三、四、第九等三个独立旅团，和骑兵第四旅团、野战重炮第二旅团及独立山野重炮兵五个联队，外加伪军、汉奸部队，总兵力达十余万人。日军前线指挥为驻晋第一军司令官筱冢中将；协同策划机关为华北方面军，司令官多天骏大将。

当时驻中条山地区的国民党守军有第三、第九、第十四、第十五、第四十三、第八十、第九十八等七个军，另高平地区尚有第二十七、第四十、第九十三军和新编第五军等四个军，总兵力二十多个师，约二十余万人。

防御部署为：东段绛县到横岭，由第十四集团军刘茂恩所部把守；中段闻喜、夏县地区，由第五集团军曾万钟所部把守；西段平陆一带由第四集团军孙蔚如所部把守。且由何应钦参谋总长坐镇洛阳，负责指挥。1941年5月7日，自感经过部署，稳操胜券的日军，在傍晚时分突然一齐出动，由东、西、北三面“以钳形并配以中央突破之方式”进犯中条山地区。第一战区司令长官部根据情报，针对日军分兵合击，袭击我军通信联络及各级指挥部；以重兵攻占各交通要点，切断我军联络，各个击破；封锁山口、渡口，逐步紧缩包围圈，完成合击的企图，“于会战前，经以辰东诚电令各部以交通线为目标，加紧游击袭破，妨害敌之攻击准备及兵力集中。”但因战区主帅卫立煌缺席未到位，上述命令未能得到有效组织施行，致使会战开始第二日，因情况剧变，敌之来势极猛。各部仓促应变，分别与各路日军交战，中条山战役正式打响。在战役的第一阶段，即五月七日至十二日，日军运用“中间穿透突破”和“大合围”战略，分兵四路向中条山国民党驻兵发起猛烈进攻；北路之敌，由绛县向横（岭关）皋（落）公路两侧之木耳河、天盘山进击；东路之敌，由豫北博爱、沁阳向济源、孟县进犯；西路之敌，由闻喜、夏县向张店挺进；东北路之敌，由阳城向董封东西之线进攻。面对日军的进攻，国民党军队节节败退，在短短七八日的时间内，日军先后占领了垣曲、济源、孟县、平陆等六个县城，及中条山若干山隘据点与山南黄河北岸各渡口，完成了对国民党军队的内外“双重包围”。在战争的第二阶段，即五月十三日至二十七日，日军以多路军队，纵横贯穿国民党军队之阵地，进行了反反复复地扫荡，国民党军队撤退到中条山区，致使黄河以北之晋南地区完全为日本侵略军所占领。虽然国民党军队败北，但在这些战斗中阵亡的英勇将士，值得后来人的尊重和缅怀。然而，就结果来看，国民党堂堂二十余万大军，牺牲四万两千人，被俘三万五千人，投降日军二万余人，失踪近二万人，却只毙伤日军官兵9900名，可以说国民党军大败于日军。

**阳城围困战** 1945年，随着全国抗日战争进入了对日反攻阶段，盘踞在阳城长达5年的日本侵略军已经陷入了人民战争的汪洋大海中。在中共太岳区党委及阳城（南）、阳北县委的领导下，八路军太岳南下支队十七团、太岳四分区基干二团，阳城、阳北县独立营，广大民兵、自卫队团结国民党友军，经过反“扫荡”、反抢粮、反掠夺的长期艰苦卓绝的斗争，锻炼了人民，壮大了武装队伍，扩大和巩固了根据地，为1943年阳城围困战打下了基础。1943年3月，阳南、阳北县的民兵在太岳军区四分区的指挥下，对盘踞在全县各个据点的600余名日伪军发动了有利的军事、政治攻势，使敌人从30多个接近边沿区的据点和炮楼撤退到了城周。4月1日，

太岳第四地委部分领导干部在阳城县

日军从长治调来了500余人的保安队，诡称来阳城扩大地盘，企图秘密接应敌人撤退。太岳四分区向阳南、阳北独立营及民兵发出加紧围困阳城县城，加速阳城解放的指示。阳南、阳北两县的前线指挥部分别移驻县城南北的尹庄、会庆，阳南一、二、三、四、六区区干队和民兵，包围了黄龙庙、安阳、洪上、白桑、风神庙、走马岭等日军据点、碉堡。阳南独立营于东西两面反攻。阳北县一区区干队和民兵布置在城东晋（城）侯（马）公路一线，二区区干队和民兵协同阳南四区民兵围攻风神庙、风圪堆的日军据点，三区区干队监视县城以西进攻的敌人。打入敌人内部的中共地下党员在积极进行对日伪警备一中队的策反工作。阳北独立营活动在城东北、阳高泉一线，接应日伪警备一中队的起义，此时八路军太岳支队十七团一个班回阳城筹集军鞋，也加入到战斗的浪潮中。参战人员达到了2500余人。4月10日，日伪警备一中队及二中队一部共98名官兵，经过中共地下党员贾甲申、李凤歧等人的秘密工作，在一中队队长崔永法的率领下，以出城抓差为借口，向阳北县政府投诚，当夜整编为阳北独立营二连，在第二天便参加了攻克山头村碉堡的战斗。紧接着，民兵武装迅速分割围困敌人据点。青龙庙据点被阳南独立营一部及一区300多名民兵包围。城内敌人三次出发援救，均被誉为“夜明珠”的民兵队长李银保指挥匠礼、河北、尹庄等村民兵打退。敌人用掷弹筒、六〇炮疯狂向民兵阵地射击，指挥部为避免伤亡，令民兵后退。白桑据点顽敌白志仁中队在三区民兵的包围下放弃炮楼，逃回了城里。风神庙、风圪堆据点的敌人在近千名军民围攻下退却。柳增发、宁烈等人指挥民兵又在敌人逃窜途中进行了截击，6个伪军当场毙命。阳南二区区干队和200余名民兵包围安阳炮楼，连续喊话两个多小时，使驻守炮楼的伪军发生动摇。区指导员苏克亲自进入炮楼，向伪军晓之以理，宣讲抗日大义进行策反，促成了24名伪军反正，收缴各式步枪38支，短枪3支，平射炮1门，日制手榴弹15箱及其他军用物资。贝坡据点的30余名伪军也携带枪投诚。4月13日，城周敌占区全部光复，大小14个炮楼被毁，30余名伪军投诚，30余名顽抗之敌被击毙。当日夜晚，阳南、阳北指挥部命令独立营和民兵占领晋侯公路的有利地形阻击敌人。阳北一区民兵预伏高庙、清林汤一带，独立营预伏阳高泉一带。该营一部随即追至晋城县城，阳北民兵于沁河渡口阻击敌人，当日共打死打伤敌人20余人，接收往晋城送铁砖归来投诚的伪军11人，缴获大批的战利品。从战斗的结果上看，阳城围困战胜利了，阳城全部解放了！不久被日军分割而形成的阳南、阳北两县实现了统一。

**沁源战役**　沁源是太岳抗日根据地的发源地之一，早在1937年，中共太岳特委机关就驻扎在沁源。当时安子文任特委书记，在安子文和薄一波、陈赓等人的领导下，抗日力量以沁源为基地向周围各县扩展，开创了11个县的抗日根据地。同时，太岳区的党、政、军领导机关也长期驻在这里，直到1942年才离开沁源。所以沁源是太岳抗日根据地的政治、经济、文化中心，是太岳抗日根据地的腹心地区，全太岳军民都把沁源作为后方。

在抗战的八年时间里，沁源县是中华民族抵御日本侵略的模范县。在八年里，日军对沁源曾进行了无数次残酷的“扫荡”。特别是在1940年的秋天，日军纠集了3万多人对沁源进行了摧毁性的“扫荡”，实行了惨绝

在围困沁源斗争中，撤离家园的沁源人民生活在山沟里

人寰的“三光”政策，只这一次，日军就惨无人道地屠杀了3600多名沁源人，烧毁房屋126000多间。仅在沁源城西二十多里的一个村庄里，日军将抓到的200多名妇女儿童全部集中在一座小白楼里，在楼的周围堆起了柴草，在楼的四面架起了机枪，而后点起熊熊的烈火，焚烧挤满在楼内的妇幼。当这些妇女娃娃们被烈火焚烧着，呼号着向外逃跑的时候，日军就用机枪疯狂地扫射，致使200多人无一幸免。这就是日军制造的沁源小白楼惨案。

面对日军对沁源人民的屠杀，在1942年10月至1945年3月，太岳区三十八团和沁源人民一起对沁源城内的敌人进行了长达两年半的围困战，不仅是沁源人民用血泪谱写了可歌可泣的抗战史诗，更是沁河流域的人民抗击外来侵略的一个缩影。

1942年10月下旬，冈村宁次调集了日军三十六团和六十九师团的三个大队及山西各县的伪军1万余人，对沁源进行了突然的奔袭和占领。这次占领沁源，是冈村宁次总结了以往屡次“扫荡”的失败经验，认识到只靠屠刀和焚烧是征服不了沁源人民的。于是他想出了“三分军事七分政治”的新花招，来沁源进行“剿共实验”。因为沁源是山岳地带，日军就把这次占领称作建立“山岳剿共实验区”。11月，日军结束“扫荡”时，留置第六十九师团1个大队及部分伪军，据守沁源县城及城东南之阎寨、城西之中峪店、城东北之交口等地，构筑碉堡和据点，并修建安泽至沁源、沁县至沁源、临汾至屯留的公路，企图分割太岳抗日根据地。面对侵占沁源的日伪军，太岳军区确知日军要在这里搞“实验区”，就命令军队从外线又转回沁源，并和沁源县委组成对敌周围指挥部，以太岳军区第三十八团和第二十五、第五十九团各一部为骨干，与县、区地方武装和民兵结合，组成13个游击集团，对沁源县城和阎寨、交口等地日军展开围困战，并动员据点地域内及其附近的居民全部迁出，实行填井断河、空室清野。在围困作战指挥部统一指挥下，各游击集团对日伪军广泛开展麻雀战、狙击战、地雷战、伏击战和破击战，连续3个月昼夜袭扰，使日伪人员伤亡不断增加，交通不断遭到破坏，陷日军于困境。1943年1月下旬，日军第三十六师团一个大队接替沁源防务。第三十六师团立刻紧缩阵地，集中兵力守备沁源城关和交口两点，并抢修沁源至沁县公路，将补给线由同蒲线转为白晋线，力图依托沁县进行补给。沁县军民在沁源城关和沁源至沁县公路上遍布地雷，不断炸伤日军。日军在沁县至沁源的20公里运输补给线上要边搜索边前进，一天时间才能到达。

沁源军民于1945年4月欢呼两年半围困斗争的胜利

沁源军民一面战斗，一面生产，愈战愈强。全县无一村建立“维持会”，无一人投降。被围困的日军一再收缩阵地，补给更加困难，最后在日军1000余人的接应下于1945年4月11日撤走。历时30多个月的沁源围困战结束。

在两年半的围困战中，沁源地方武装和民兵，在太岳军区一部配合下，共作战2730余次，毙伤日伪军4000余人，使日军两次易防，三次收缩阵地。延安《解放日报》为此专门发表了《向沁源军民致敬》的社论，称赞此战“是敌后抗战中的模范典型之一”。沁源围困战最后胜利结束，一方面是依靠军队的军事作战的胜利，另一方面就是依靠了广大的人民群众。在沁源围困战的过程中，指挥部指挥长蔡爱卿在作战之初就注意到了依靠群众作战的优势，提出了“反占领的关键是争取群众”的策略，在阻止敌人建立维持会、伏击敌人的运输队，从敌人手里夺取粮食以及配合游击小组对敌人进行袭击扰乱、卡断敌人的运输线等方面都做出了巨大的贡献。可以说，沁源抗战的革命史诗，军民鱼水般和谐的配合，构成了这篇史诗最美丽的旋律。

太岳战场的战斗远不止这几次，除了这些较为激烈、较为有名的战役，还有1938年发生在沁水地区的东坞岭歼灭战、1938年小河口战斗、1941年东峪突围战等战役。出生于沁水的近代篆刻家崔效濂便亲历了东坞岭歼灭战的战况，作诗《遇难纪事》，诗云：

倭寇再犯沁，时值六月九。
仍隐东安庄，孑身唯我后。
破窑共六眼，避难九十口。
食粟乞比邻，篝灯借故友。
烧柴连湿叶，避雨遮杨柳。
野菜觅山田，杏黄落陵阜。
连绵十日雨，炊事难巧妇。
十家轮一炉，幼童啼饥母。
问卜席地坐，衣襟难濯垢。
满地染灰尘，童孙勤扫除。

困苦度国难，敌机穿云吼。
山上拥国军，山下敌西走。
壮者四方散，老年伏南亩。
隆隆响山炮，机枪闻左右。
人在烟幕里，迷离如醉酒。
到处刺良民，纵火冲斗牛。
耕牛被宰杀，田禾敌马蹂。
汽车载泥涂，枪射鸡和狗。
入室掘墙壁，掠财碎瓦缶。
横暴古今无，人道讵能有。
闻鸡起舞剑，关寨决胜负。
投笔愿从戎，惜我衰老朽。
藤屉率羽党，肉搏断手足。
南北两山头，我方兵力厚。
固镇激烈战，西河截小丑。
敌人四千余，全歼坞岭口。
中国复兴日，仰天我择首。
一旦东征后，光荣史悠久。

正是太岳战场上一场接着一场的战役，一次又一次的腥风血雨，加上许多将士和广大民众的前仆后继，最终取得了太岳战场的胜利，也为抗战的胜利拨开了曙光。

**（2）民兵队的抗日活动**

抗日战争既是一场各方将士征战沙场的军事战争，又是一场全民参战的人民战争。在太岳战场上，除了那些正规军队、游击队对日军事作战，还有那些我们可能叫不上名字，也没有番号的民兵队伍参加的抗日作战，他们的战斗事迹，同样让我们铭记在心。

众多民兵队伍都参加了当地的抗日战斗和支援前线等工作。这里仅

沁源儿童团

选取阳城东冶村民兵尖刀队的抗战事例做一介绍。1942年，东冶村从民兵中选出18名精明强健的小伙子，组成了一个小分队，经常活跃在晋城、阳城公路两侧和县城以南一带，出其不意地打击敌人，受到了太岳区、四专署和阳城县抗日政府的表彰，小分队被称为“东冶民兵尖刀队”。队长宋新正出席了1945年1月太岳区在士敏县郑庄村召开的群英大会，荣获了“民兵战斗英雄”称号。就是这样一支民兵队伍，在一次次的战斗中，与日军斗智斗勇，用自己的力量捍卫着我们的家园！

**抄贼窝**　日军占领阳城后，城内白志仁充任了日伪阳城县警备大队第三中队长，长期驻扎在南安阳村，他经常带领着日军到各地进行扫荡，同时在北安阳村专为日本人安了一个铁炉生产铁砖。这个卖国求荣、丧尽天良的白志仁，早被群众恨之入骨，巴不得找个机会，教训这个没有良知的卖国贼。1943年春节，白志仁回南安阳村过年的消息传到了民兵们的耳朵里，队长宋新正带领民兵小分队和区公所组织的200多个群众，连夜直奔南安阳村。东冶村距离南安阳村足有30多公里，民兵到达的时候，已经是

接受检阅的妇女抗日自卫队

深夜12点至次日凌晨1点左右，老奸巨猾的白志仁，心怀鬼胎，害怕民兵偷袭他，除夕带着妻子家人早就跑到了县城。这时，民兵小分队一部分监视县城和白桑方面的敌人，一部分与群众分头捣毁了白志仁的铁炉，将铸造生铁砖的风箱等全部拿走，将十几头驴和300多只羊全部赶走。这次虽然没有抓到白志仁，但民兵心里却十分得高兴。高兴的是锋芒初试，首战告捷，第一次看到自己开展对敌斗争的威力，在返回的路上不知道是谁风趣地说："白志仁认贼作父，助纣为虐，害得群众这么苦，他明天也甭想过好年了。"

**夺戏班**　1943年，日军将"贤义社"剧团抓进了敌占区内，不准到根据地内演出，妄图困竭抗日军队的文化生活。东冶民兵小分队，决心打破敌人的封锁线，夺回戏班，以活跃根据地的生活。是年农历十月十四日夜晚，"贤义班"正在敌占区东冶红庙演唱时，东冶民兵小分队一部分人早已化装隐藏在观众群里，一部分在庙外监视白桑据点的敌人。庙内的民兵有几个迅速持枪跑到了台上，高声大喊："谁也不要动，台下的人做好准备！”观众群中有几个民兵立即按照事先布置应声，亮出武器，包围了前来看戏的20多名警备队员，警备队原以为凤凰山是个“准治安区”，又距离炮楼据点很近，比较安全，所以来看戏的时候，一没带枪，二没换装，人人穿着一身黑衣裳，想在群众面前炫耀逞能，万万没想到民兵小分队降临，戏台上、院内、房顶、门口，到处都有民兵，吓得他们晕头转向，只好乖乖站着不动。站在台上的一个民兵郑重地宣布：“大门已被主力部队守住，上、下手音乐继续吹打，台下谁乱动，部队绝不留情！”警备队听到“部队”、“主力”等字眼，早就吓得魂飞魄散，瘫倒在地，便乞求饶命。民兵令全体演员迅速摘幕装箱，一切收拾停当，才让音乐停止，随后抬起戏箱，带着演员走出了庙门，朝二区东坪村奔去。等剧团走远后，守门的民兵才让群众及警备队散去。等救援敌人赶来时，民兵和演员们早已消失得无影无踪了。

**惩黑狗**　1943年，日军将“贤义社”剧团抓进了敌占区内，不准到根据地内演出，妄图困竭抗日军队的文化生活。东冶民兵小分队在1943年农历十月十四日夜晚，夺走了戏班。在民兵夺走戏班之后的第三天，日伪军出动了500余人包围了东冶红庙，将区警察局助理谢新润、民兵王礼成等11人残害。宋新正、马金贵、李春元等幸亏躲避到了原甲院西楼上，才没有遭到敌人的残杀。这次敌人的屠杀，更激起了民兵们的义愤，决心为死去的战友报仇。一天傍晚，白桑据点有三个“黑狗”（警备队因穿一身黑衣服，所以群众称他们为“黑狗”。）带着一条枪从涝泉村出发，宋新正在相音底得知情报后，立即带领着8个民兵跑步到达涝泉村，留下4个民兵在村南监视张庄、白桑方向的敌人，其余4个民兵进村，以墙角作掩护，迅速找到了敌人落脚的院落。该院街门在东南角上，北房靠着土梁。宋新正指挥一名民兵走上了屋顶，两名把守街门，他一人提着步枪跨入门里大声喊道：“不准动！”随即开了一枪，把锅碗瓢盆打在地上，跌得“乒铃乓啦”地响。一个妇女急忙地说：“别开枪呀，等我把灯点着，”灯着后，只见一个警备队员已经钻进了床底，屁股还露在外面，宋新正上前一刀刺在他屁股上，警备队员大叫：“我出去呀，”爬出来后又被宋新正照脸上打了两个耳光。这时大门上的民兵也进来了。该队员也顾不得屁股疼，伸出巴掌自我打了一阵子的耳光，边打边说“我不要脸，我不算人，求各位饶命。”民兵立即将这条“黑狗”捆了。在捉第一条“黑狗”的时候，另一条“黑狗”，听着势头不对，便钻到西北小楼上的草堆里，也被揪出来摔到院内。经过审问，才知道第三个带抢的“黑狗”在傍晚被叫回据点去了。又经过审问，他们就是在东冶红庙杀害民兵的“黑狗”，后经抗日政府批准，将这两个为害乡里的“黑狗”枪毙，自此，白桑据点的敌人再也不敢轻易出来胡作非为了。

**（3）普通民众智斗日军**

在军队、民兵积极参加抗日活动的同时，普通的民众并不是一味地躲避、软弱，在日军的步步紧逼之下，虽有一些民众受不了严刑拷打，经不起日军的诱惑而投敌，但更多的群众为了能够守护家园，开展了抗敌斗争。其中较为有名的是阳城县崔淑媛智斗日军救村民的事件。

崔淑媛，1903年农历十月十四日出生，卒于1979年1月1日，享年71岁。1940年4月，日军第四次进犯阳城，为了强化工事，随即在县城周围的制高点增设据点，修筑碉堡。龙掌村在县城东南二十五华里，村背后的摩天岭上有座祖师庙，当时就有“登上摩天岭，一览众山小”的说法。这无疑也在日军建设碉堡的名单之上。敌人每次进村，群众横遭蹂躏，男人遭受毒打，妇女备受凌辱，牛羊被宰杀，鸡犬无一存留。加之久旱无雨，庄稼颗粒无收，百姓陷入水深火热之中，饱受着天灾人祸的艰难。1945年，在中国共产党的领导下，抗日战争接近胜利，日军气焰渐渐消失，感到末日到来。当时在敌人碉堡内给日军干事的张崇喜，接受三区区长（地下党员）的疏导和教育，最终弃暗投明，参加了游击队，这一举动更加触怒了日军。农历二月中旬的一天，天刚蒙蒙亮，突然就有30多个日本兵包围了张崇喜的圈门院，张崇喜和崔淑媛家是紧邻的，这时崔淑媛急中生智，翻门落锁，赶快把全院五户人家的便盆、便桶全灌在小院圪洞里，当日军登门及院，四处搜索，刚到堂门楼梯前，便被臭味呛得呱呱直叫，止

沁县民兵在制造石雷

步不前。因为找不到张崇喜，敌人恼羞成怒，将鸡窝里面的6只鸡捉走，用汽油点燃了他的房子。这时，台头村武委会主任张启元接到情报，急带着民兵在距离村庄一里的东坡岭上放了几枪，敌人才钻回了碉堡。

为了发动群众拒绝维持，进一步做好空室清野，严防敌人的突然袭击，农历三月初的一天晚上，由地下党员张栓来主持，在隐蔽保险、出入方便的井沟院召开了全村民兵和群众大会，事先对会场进行了周密的部署，当会议进入热烈讨论的时候，或许是漏了风声，约有40多名日本兵像一群贪婪的饿狼突然进村。崔淑媛家是相爱村头第三院，发现日军进村时，她就拿了一把粪杈走出去，刚走到院门口，就被日本兵拦住问她干什么，她回答道："找牛，我的牛今晚没回圈！"话音刚落，就被劈头盖脸打了几个耳光，接着又是几个枪托，旁边的翻译官不知道嘀咕了几句什么，日本兵就说："开路开路的，不开路，死啦死啦的！"崔淑媛一听说开路，马上走开，摸黑赶忙去报信，边走边喊牛，边叫狼来了（狼指的是日本兵），途中不惜受伤从村里50多米高的井坡滚下，当她爬到井沟院大门口时，发现岗哨松年已睡在门墩上，便拿着粪杈柄朝松年的头上打去，高喊："狼进村了！"这一喊，会场的人群顺着沟跑出，迅速疏散隐蔽。

日兵走后，崔淑媛儿子找到她时，她已是动弹不得，背回家，喂了些水后，缓过劲来的崔淑媛说："好，好，好，这一回无一损伤，这比什么都好。"崔淑媛的伤势很重，躺了好多天，全村老小都来看望她，并说多亏了崔淑媛的机智、勇敢，不然，恐怕全村人这次一齐要死在日兵的屠刀之下了。

在那个混乱的年代，一个普通的百姓，一名柔弱的女性，崔淑媛智斗日本兵解救村民的事迹成为无数个中华儿女奋起反击日本侵略的一个缩影。

**（4）战外之战**

当我们驻足在烈士陵园里，看着那一块块墓碑对烈士们的追述，当我们置身于晋豫边区抗日根据地纪念馆，便会发现，这场战争除了与日军的针锋相对之外，沁河流域的民众还面临国共两党的摩擦、土匪、民间神棍叛乱等多重的灾难，抗日之路的艰难，裹挟着沉重的包袱，都成为太岳战场上不能不战斗的对象！人民群众所承受的远远不止侵略者带来的灾难，就如同自然灾害的发生，往往伴随着很多的次生灾害一样，对已经陷入水深火热之中的沁河流域百姓而言，更是雪上加霜。

整整八年的抗战时间里，国共关系的微妙变化，直接影响着抗日的大局。所谓的八年抗日，中国的敌人远远不止那些侵略中国的日本兵，一场中华民族的抗战，就是要克服各方抗日阻力，完成这次艰难的保卫战。抗战期间，沁河流域的抗战运动也曾因国共关系的变化受到阻力，其中最为名的是"十二月事变"。

**十二月事件在阳城**　1939年12月期间，阎锡山配合蒋介石掀起反共高潮，在山西发动了"十二月事变"，阎锡山派系的孙楚坐镇阳城，与国民党驻军及其他势力一起，有预谋地策动了"晋沁阳事件"。事变前的11月底，孙楚在阳城岩山秘密召开了三、五两专区蒋阎两系县级以上的党政干部联络会议，决定各县以国民党部书记为主要负责人，协同当地蒋阎驻军和地方势力，统一于12月1日行动，开始对共产党、牺牲救国同盟会采取行动，企图一举摧垮牺盟会和抗日政权。

12月8日，国民党三十三团地工队、十师、八十三师、八十五师与孙楚指挥的国民党、三青团地方势力向各区、村牺盟会和共产党政权全面进行武装袭击，抓捕、殴打、暗杀共产党员和抗日干部。三十三军团和其他地方势力杨宗元、魏法徵等人，围攻固隆编村抗日公所，捣毁了四区抗日区公所，抓捕了四区公道团团长王德政。蒋阎军在五区寺头、马寨村捆打了抗日村长吉俊明等人。这一天，全县所有区村的抗日政权和牺盟会组织几乎都遭到了国民党军的武装攻击，许多共产党员、抗日干部被抓、被打、被杀。

当时，八十三师补充团的三营副官刘某，屡次到县政府闹事，索要因破坏合理负担而被县政府拘押的王建三，均遭到了代行县长职权（县长陈发贵因公赴专署）的县府秘书白尔玉的拒绝。12月9日早晨，刘某带着全副武装的士兵再次闯入县府要人，白尔玉正好在送牺盟会长治中心区负责人王兴让回长治，听到消息，遂从县政府侧门出去，经县警察局到达唐支队（八路军晋豫边游击支队）司令部躲避。刘某等官兵追到了警察局未见到白尔玉，随即把警察局局长赵养峰绑到县府审问。县政府第一科科长张仲芳对刘某的行为当面给予斥责。刘某随即放了赵养峰，又将张仲芳捆起来，悬吊到县城当街的石碑坊上，严刑拷打长达两个多小时，然后关押在西街城隍庙该团特务驻扎地附近的一个灰渣房内，同时，将数十名警察局警士扣压，并将武器收缴。

在此危急情况下，为了保护县印，牺盟会特派员魏永生带着两名警察局警士策马将县印送往中庄，交给刚由长治返回阳城暂时居住的县长陈发贵。陈发贵感到事态严重，认为非有武装不能坚持政府工作，遂将县印交给了二区区长李德源，并交代了公文办理事宜后，立即启程再次到长治五专署请调部队。

12月13日下午，中共晋豫地委书记聂真派交通员秘密进城通知胡晓琴，立即到郭峪开会，胡晓琴感到事情严峻，立即派人通知县委委员撤离，之后和两名游击队员化装成八路军出城赶到了郭峪。地委领导聂真连夜同胡晓琴等研究，决定凡公开活动的共产党员和抗日干部，马上撤离阳城县城，未公开活动的党员干部转向地下，坚持隐蔽斗争，指示胡晓琴次日立即回城落实行动。

12月14日，县城街头布满“肃清奸匪（中国共产党党员），巩固地方”的标语，被孙楚封为县长的国民党八十三师政训处主任李英樵率领两个连武装占领了县政府，强行夺取了县政权。李英樵将关押在牢房中的张仲芳请回县府，向张“道歉”，要他配合工作，接着李英樵要张仲芳代县政府办理交接事宜，遭到拒绝。

这天上午，正等着返回县城传达地委书记指示的胡晓琴，由聂真送至郭峪村边时，得到从县城赶回郭峪村的地委交通员小宋关于城内已经政变的情况报告，胡晓琴随即派人回城，秘密通知魏永生、崔松林、胡正六等人，设法将抗日机关的所有工作人员一律转移到郭峪村。魏永生等人接到了县委指示后，立即向各方秘密进行了紧急传达，并通知县城所有抗日干部向郭峪靠拢，同时派人分头到各区通知。但县城已经被封锁，蒋阎军队四处逮捕牺盟会抗日干部。于是，魏永生同白尔玉以及地委交通科长李瑞征等化装成八路军混出县城，绕道转移至郭峪，与此同时，县委、县政府、县牺盟会和各群众抗日团体的工作人员已经陆续转移到了郭峪。

二区区长李德源赶到郭峪将县印交给胡晓琴。陈发贵随调来保护阳城抗日干部的决死纵队七团（简称“决七团”）不日由长治开来，驻扎在润城、中庄一带（后来转战到了郭峪）。12月16日，国民党阳城县党部、三青团、敌工团等反共组织在南河滩举行了“欢迎李县长莅新”和“要求县政府惩办牺盟会首要分子”大会，张仲芳趁机摆脱敌人控制，转往郭峪。其时，隐蔽在县城的地下党员崔松林等人聚集在东关王文明家里商议斗争策略。之后，他们派出阎嘉义等人到南河滩打探国民党开会的情况，以随机应变。

在此期间，县府、县牺盟会为争取三纵队七团对抗日政府的同情和支持，曾在中庄曹家祠堂宴请七团全体官兵。12月20日，八路军副总司令彭德怀从延安返太行总部时途经阳城，在听取了阳城的政变报告后，致电聂荣臻等迅速调一一五师、一二九师7个旅准备集中对付国民党九十七军朱怀冰部的摩擦活动。25日上午，聂真通知胡晓琴到章训村开会，共同分析研究郭峪的情况，认为决七团不可靠，因此聂真再三指示县委同决七团政治部主任郭鸿璜（中共党员）取得联系，要将反动军官果断扣押，夺回决七团的领导权。会后，胡晓琴立即返回郭峪传达地委指示。

这天下午，决七团召开了连以上军政干部会议，吸收地方干部参加。张济在讲话中公开表示对中国共产党、牺盟会的不满情绪。会议气氛十分紧张。参加会议的阳城地方干部胡晓琴、魏永生等感到形势严重，借故先行退出会场。胡晓琴在郭峪召集县级机关负责人举行了紧急会议，传达地委指示精神，要大家火速通知县级机关所有工作人员不许分散，晚上不许脱衣服睡觉，时刻整装待发。晚间，胡晓琴偕同县牺盟会特派员魏永生赴七团政治部，与郭鸿璜商量对策，让郭先将张济等人扣押，当谈到张济同孙楚和八十三师可能合谋叛乱的时候，郭鸿璜说："我看不至于吧！"郭鸿璜认为，七团两个大队中，一大队虽为阎锡山旧军官掌握，但二大队完全由共产党政工人员所掌握，即使发生了什么变故，可将二大队全部拉过来。郭还认为，他与张济是同窗好友，私交甚好，张济不至于会翻脸。正在交谈之际，桌上电话响起，郭鸿璜一把抓起话筒一听，脸色骤变，"啪"一声摔在了地上："不对，人家已经动手了。"此时，张济等已将七团所有政工人员扣押，情况十分危急。郭鸿璜和胡晓琴、魏永生等赶到了二大队，然而二大队已经被包围，无法取得联系。于是当即决定进行突围。当天深夜，胡晓琴和魏永生带领着县政府和县牺盟会、工会、警察局工作人员及参加集训的教师共200多人，还有少数七团官兵统一集合在郭峪东城门内开始突围，但城墙坚固，城门已经锁住，荷枪实弹的守门哨兵大声喝问口令，而突围人员哪里晓得什么口令。哨兵便端起冲锋枪向人群扫射。突围的人员冲至门洞将城门大锁砸开，一起冲出郭峪。叛军发现后，鸣枪追赶。胡晓琴身带县印在最后突围，急行之中，突然路边岩土坍塌下来，把胡晓琴等七八个人全部埋在了土中。突出包围的先头人员在魏永生的带领之下，迅速赶往章训向唐支队靠拢。这些人员到达章训后，得知支队地委已经转往了晋城高会，遂连夜赶往高会。胡晓琴等人从土里爬出来后，由五区区委员杨廷相领着躲进附近一家煤窑内，听到了外面不时传来追赶的脚步声和枪声，胡晓琴在煤窑内告诫避难人员："如果我们被抓了，第一，装作互不认识；第二，谁也不能承认是牺盟会的人；第三，谁也不许叛变投敌。"

12月26日上午，一个手持马灯的人来到了胡晓琴等躲避的洞口，向内大声地喊道："你们出来吧，工人要上工，没事了。"几个人正等待着出去，胡晓琴觉得其中有诈，便将县印藏匿在煤窑的壁台中，出来后果然是叛军守在窑口，所有人均被抓回郭峪，在审讯中，胡晓琴随机应变，假托自己是受训教员，有肺病等，机智脱离危险，后火速赶到晋城高会。郭峪兵变，郭洪璜在突围中牺牲。叛军头目张济等在郭峪将决七团30多名政工干部和浮山抗日县长郭之诚等地方干部扣押，枪杀了县长陈发贵的卫士葛来贵、抗日政府的一名通讯员和郭鸿璜的警卫员，然后带领着叛军投降国民党八十三师。

这次事变，阳城的共产党员、抗日干部以及抗日进步人士共1000多人被捕、绑架、毒打，其中有130多人被关押，10余人被杀害，10余人失踪。"十二月事件"使阳城中共党组织遭到了严重的破坏，作为积极抗日组织的牺盟会也在这次事件中遭到了损失，停止了活动。

当民族抗日成为当时的时代潮流，我们的中华民族面临着生死存亡的时候，中华民族的儿女最主要的历史使命就是武装起来，将那些侵略我们国家，侵占我们领土，抢夺我们财产，蹂躏我们人民的日本侵略者早日赶出我们的家园。然而，在完成这个艰巨的历史使命的同时，还要承受国内不同势力的阻挠。"十二月事件"的发生，与其说是中国共产党的力量受到了损失，在某种意义上，最大的受害者难道不是抗日运动？沁河流域的抗日之路，如此曲折、复杂！

除了国民党人为制造的混乱，那些匪祸、反动会道门等，也同样在乱世之中生根发芽，裹挟而来，加重了抗日之路的艰难系数。

**匪祸** 1941年中条山战役之后，国民党的溃退士兵逃到了阳城，形成了九股土匪势力。在这动荡的岁月里，光荣的抗战士兵与雄霸一方的土匪，有时候只是一念之差，很多都是溃退的军人纠集众人，形成了土匪势力。这九股势力分别是：李坤春，200余人，长期驻扎在次营、沁水一带；缑大队，100余人，长期驻扎南门一带；韩继云，70余人，长期驻扎在寺投标、町店一带；李支队，100余人，长期驻扎在横河一带；杜复兴，近百人，长期驻扎在驾岭一带；夏云，数十人，长期驻扎在河北、下交一带；张根来，70余人，长期驻扎在白涧、献义一带；顽军一区李忠轩、老干区酒同雷及四十三军原正申等500余人驻扎在三窑、孤山一带。全县除了城关、东乡一带为日军占领外，其余各地方的人民并没有过着安居乐业的生活，而是在土匪们的横行霸道之下，艰难地生存，那些土匪在民族危亡之际，非但没有和同胞们团结一致，反而要款、抢粮、起票、奸淫掠夺，无恶不作。在这样一个被日军已经欺负得难以正常生存的土地上，这帮土匪刚走，那股土匪又来，前次派款还没有拼凑齐全，后次派款又来了。孤山村王二羊因土匪李正德奸淫他的妻子，没有躲开，就遭到了土匪们的毒手，被活活地打死，女人也被抢走。南井沟的张羊城，因土匪逼迫要钱，没有时间筹齐，就被土匪用火柱烙死。孔池村陈崔歪，路上遇到了土匪逼要钱财，鼻子被穿上铁丝牵着，因家镜贫困，没有办法筹措到钱，最后被杀害。这些土匪趁着乱世便横行霸道，在某种意义上讲，比那些侵略者更加让人憎恨！大难之际，没有保护自己的同胞，反而和那些日本侵略者一样，做着伤害自己同胞的事情，真是让人没有理由不痛恨。

**反动会道门红枪会**　红枪会又名“无极道”，对外宣称“联防自卫团”。1937年由阳城进入沁水。在国民党武装特务组织“华北战地督导团”的指示之下，1942年1月中旬，沁水红枪会总道长潘元盛（郑庄透风腰人），副总道长任板同（郑庄湾侧人）在仙翁山一带的山沟小庄秘密发展。红枪会用迷信和政治欺骗诱惑群众，胡说什么“替天行道普救百姓”，“枪打不过火，刀砍不入体”等迷信骗术，不少群众受了蒙蔽，很快从里必、湾则发展到了郑庄、孔必、郎必、东大、中乡、八里、石室、河西、官亭等地。两天时间共设坛22个，发展道徒1300多人，并把活动中心转移到“三郎”一带。此时，国民党沁水县党部书记崔培珍，把国民党骨干分子以文书名义派进了红枪会，从此红枪会便成了反革命的政治集团，多次进行反动活动，如“关爷岭事件”、“方山头事件”等，其中“关爷岭事件”最为有名。1942年农历三月三日红枪会在土门三八六旅十六团两个连冲散，3月18日三八六旅七二二团二营配合沁水县抗日政府干部，计划在孔必发动群众，解散红枪会。走到关爷岭，红枪会蓄意阻挠八路军。经过协商之后，双方各派代表会谈。八路军派指导员令狐，红枪会派孔必、常广德为代表，八路军表明态度之后，常广德坚决不同意，并要收缴八路军的枪支。商谈不成，红枪会任板同在八路军的后方开了枪，常广德突然一刀将令狐指导员砍死，又向八路军夺取机枪。在忍无可忍的情况下，八路军展开战斗，经过二十几分钟的战斗，打死打伤红枪会道徒数十人，常广德及其子常满林被打死，其余逃散。3月23日，七二二团进驻郎必、孔必，由于群众受到了红枪会的欺骗宣传，大部分弃家逃窜。八路军进村后首先召集群众回家，给群众喂蚕、喂猪，吃了米面把钱放在原处。群众很受感动，便纷纷返回家里。26日抗日政府根据群众要求，逮捕了罪大恶极的反动道首崔培珍、张友兰、李常知、王宪洲等45人（张敦福投敌）。8月27日，抗日县长严敬斌，在西郎庙召开了追悼死难同胞大会，广大受蒙蔽的群众纷纷觉悟，要求严惩首恶分子，抗日政府接受了群众的一致要求，当场判处张友兰死刑，立即执行。任板同逃往老家后便同他的父亲、妻子搬到了夫妻岭日军据点下面的圪堆下泉沟居住。1942年沁水县游击二中队深入据点，将任板同活捉。10月在郑庄召开了公审大会，将其执行枪决。潘元盛后参加“剿共团”，在1943年，被伪警备队刺死在国华河北庄地里。

红枪会的活动范围并不只是在沁水县，在阳城甚至出现了1938年红枪会围困县城的事件。当时，县抗日政府三区区长茹玉珍（共产党员）及区牺牲救国同盟会特派员杨保林，在当地推行合理负担，到县城领赈灾粮发给穷苦群众。路八丑、李盘铭一伙儿怀恨在心，勾结降区蔡永盛、北窑王维贞、南窑刘墨林、东岭卫德华、石臼吴儒林、下交高琪健等一伙土豪劣绅，联名到县政府告状，诬陷区长借发赈济粮的机会大发横财；并扣压区牺牲救国同盟会特派员杨保林，中共阳城县委得到消息，立即派该区地下党组织负责人崔松林深入各村调查，并发动群众，联名出证向县政府揭露国民党顽固派的阴谋。县长王宝三宣布茹玉珍无错，并下令立即释放，杨保林、路八丑、李盘铭一伙的阴谋失败，又来新招，暗地里发动红枪会攻打县城。是年农历六月，王县长获悉红枪会活动猖獗，要来县城闹事，便派人民武装自卫队李应唐，把红枪会的首领姚老三传到二旅县政府审问，路八丑、李盘铭等人就发动了红绿枪会三千人进入县城威逼县政府“抢救”姚师兄。农历六月二十四日，红枪会全副武装，打着白、黄旗，腰系红腰带，手拿大刀，红（绿）樱枪，向县城出发。此时，崔松林、刘崔明、宋五端等地下党员立即深入各村宣传抗日统一战线的政策，揭露顽固派的阴谋，使孔池村的民团不但没有出一人攻打县城，反把从河南买来的三支步枪交给了八路军游击队。路八丑一伙到了长畛岭后，发现孔池民团

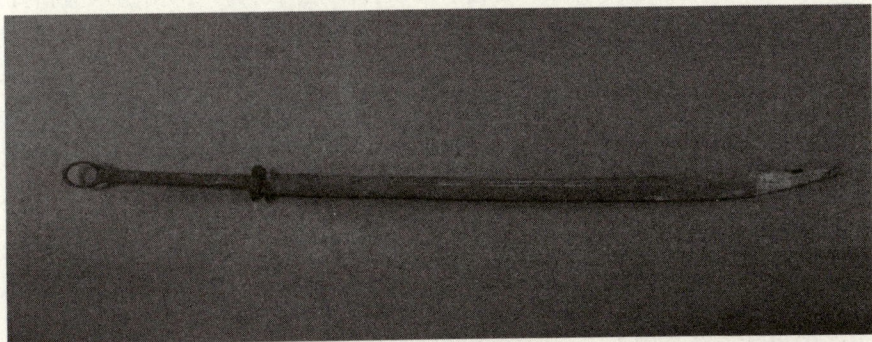

红枪会使用的大刀

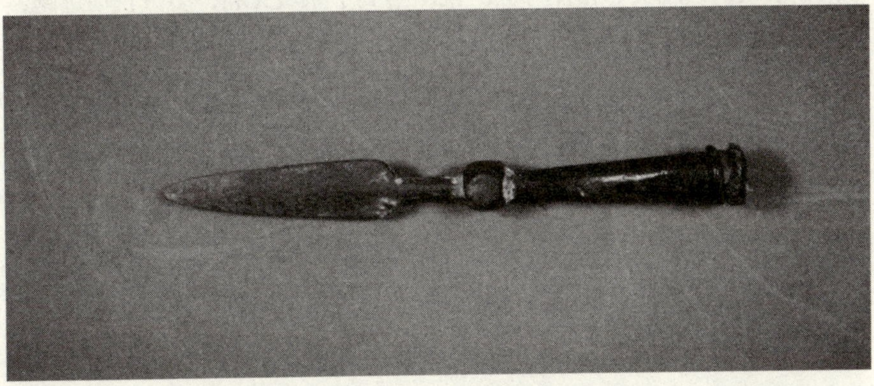

红缨枪枪头

未来一人，气急败坏地写信威胁："如果不参加围攻县城的活动，回去后就血洗孔池……"。红枪会人马已经兵临城下，但也不敢贸然攻打入城，只好就地安营扎寨，指挥部驻扎在长畛岭大庙。从留昌到岳庄的山岭上层层设立哨岗，把守严密，虎视眈眈，大有吞没县城的态势。县政府官员站在南城头，目睹对面山头上的兵情，研究对策。王县长当机立断下令：紧闭城门，加强县城防卫。一方面派人民武装自卫队的李应唐、郑有伦代表政府到长畛岭大庙与路八丑、李盘铭谈判退兵；另一方面，紧急召集人民武装自卫队，准备反击，并把红枪会头目姚老三捆绑到城头示众。二十五日，李应唐、郑有伦代表政府与路八丑经过一天多的谈判，未见成效，红枪会反用砖头砸谈判会场的窗户，大吵大闹非要杀进县城不可。二十六日上午，红枪会军分头集结在南神庙、黄龙庙、岳庄、苏庄，步步逼近县城。李盘铭指挥一部从坪头、坡底下山攻打南城门，另一部由路八丑指挥从窑头的白龙庙下山攻打东城门。人民武装自卫队高踞城关严守以待，另由李排长带领一个排，到下川北山头阻击从白龙庙下山的红枪会主力，双方相持数小时。下午3时左右，红枪会大部分受蒙蔽的群众退而不前。在顽固派的逼迫下，红枪会部分人从各路冲下山来，人民武装自卫队也迅速冲上去，在东河打了起来。经过一个多小时的搏斗，红枪会节节败退，这时红枪会会员才全然明白，什么"大肚汉落了凡，跺脚哼哼避刀刃"全是骗人的鬼话，个个抛下了手中的武器逃回家中。自卫队抓住了部分俘虏，带回了县政府，坪头、岳庄方面的民团听到了东城失利，多数自动逃跑，留下的少数坚持与政府对抗的顽固分子，被打得抱头窜逃。下午5时左右，人民武装自卫队把红枪会的头子姚老三及被抓的俘虏，集中在文庙，经过县长王宝三、警察局长张月川给他们讲抗日救亡统一战线的道理。他们最终接受了政府的教育，表示知错认错后，才被释放。

中国全民族的抗日运动，就是一首有着坚定信念的史诗，太岳战场的抗日运动便是这首诗歌的一角旋律。抗日的主流在抗日军队与日军的正面冲突上，在那些充满着战火、硝烟的战场上表现得淋漓尽致。那些如同地震中的余震的"次生灾害"——匪祸、反动会道门等，在这个动荡的岁月里，趁机兴风作浪，严重影响到抗日的主流。军事抗日、平灭匪祸、消除反动会道门，显示出太岳区抗日运动复杂的进程，风起云涌的抗日运动，最终取得了胜利，再一次显示了沁河流域人们坚强不屈、保卫家园的精神，值得我们后辈们永远缅怀。那段动荡的岁月，那场革命先烈前仆后继的抗日运动也值得我们永远铭记！

### 3. 苦难记忆

八年的战争，数不清有多少将士和人民群众英勇战斗和流血牺牲，终于换来了中华民族胜利的曙光。有关这段战争岁月的记忆，也许作为后来人没有如此强烈的感受，但当时参加过战斗的将士们再次提起这段岁月，他们可以清楚地记得每一次战斗的所有细节；当曾经经历过战争岁月的村民，提起这段岁月，那种苦难的记忆会全部涌上心头，那些发生的惨案一幕幕浮现在眼前……

**狂轰滥炸与强迫服役**　抗日战争时期，日军对阳城有过四次较大的轰炸。1938年2月21日上午，两架敌机由东北飞来，盘旋在县城的上空，连续向城内东北角和东关城后胡同一带投弹24枚，炸毁民房数百间，炸死炸伤群众多人。城关群众随即逃往四乡。同年4月22日，24架敌机，从东面飞来，向城西街一带投下炸弹数十枚，炸毁房屋百余座，炸死炸伤群众多人。6月16日，3架敌机飞过县城，投弹30余枚，轰炸了董封、横河等重要的村镇，炸毁房屋数百间，炸伤群众20余人。7月4日，5架日机在八甲口、上孔一带反复轰炸扫射，炸毁房屋10余间，损坏财产甚多。

日军对阳城人民群众的迫害，除了进行军事进攻，欺负手无寸铁的百姓外，还强迫群众服役，不断地向各地要差派丁，强迫差丁为其无偿修路、架桥、建筑工事，稍不遂意就采取皮鞭抽、枪杆打、跪砖头、顶石头、冷水灌肠、烈日暴晒、石灰糊眼等惨绝人寰的惩罚手段。日军还强迫人民生产生铁、硫黄以供他们制造军械。在安阳、白桑、西沟等地征收铁砖、硫黄，并强迫差丁肩挑送往晋城，途中又怕抗日游击队截击，一路上不准休息，差丁有的因饥饿昏厥而死，有的因走不动被打死，有的被撞下悬崖摔死。人死了，铁和硫黄还要分摊在其他活人身上。据统计，日伪盘踞期间，仅西关村就支差904320天，所有劳力平均每人支差982天，合两年零七个月。苏村百余户人家仅1941年4到9月份，就被抓差225人，共支差15075天，平均每人支差67天。

太岳区人民群众遭受到的迫害，远不止身体和生理上的痛，那种家园被侵犯，无家无国亡国奴的感受，比身体的痛苦更加让人难以承受。日军狂轰滥炸、惨绝人寰的侵略行径在一次次的惨案中表现得淋漓尽致。

**城关惨案**　1938年4月14日下午，国民革命军第二十四军缑冠文率部队从町店入西门，恰遇正在停歇的百余名日军，随即开枪射击，日军死伤若干，当即绕道东窜，缑也率部离城而去。次日晚9时许，东窜日军纠集晋城周村据点日军猛扑阳城县报复。先在东坡头向城内连发数炮，轰开城门，随即端着刺刀闯入城内，四处搜查，不论男女老幼，见人就杀。把部分群众赶到了开福寺、东王殿、城隍庙、旧盐店、西坛上等地活活烧死。日军还向10余个较大的地洞里面放毒气，在内群众皆被毒死。南关四角园外的水井内填满了活人，整个大街小巷，院里院外，尸体到处可见。许多

阳城县城关惨案遗址——阳城古城城墙

青年妇女，被日军抓住后先奸后杀，日军对白海洲妻子强行轮奸，海洲忍无可忍，奋力反抗，被日军砍死，可怜的妻子被强奸后又被戳死。城内一夜之间数百人被杀。1940年5月22日，盘踞在县城的日军以开会的名义，将城周各乡的220名群众强行押回城内“保泰和”商号后院，分为若干组，依次屠戮。最后，220名群众全部惨遭毒手，死尸被扔在东城门到朱甲、尚书、为甲、城后、黄牌等巷子里的30多个厕所内。

**风神庙杀人场** 1940年，日军盘踞阳城县城后，在风神庙建筑了碉堡，设立了据点，离据点东不远处有一块地，就是日军的杀人场地。这里被杀的人，一是每次扫荡时驱赶回来的群众；二是出发抢粮、抢东西掠夺回来的妇女；三是根据特务、汉奸情报抓捕回来的抗日干部和群众；还有经常给日军干活的苦力等。北任庄张珍连，经常到据点里为日本人镶牙，一次稍不如意，就抓到柏树下枪杀。峪则村抗日村长张小胜被敌人抓到炮楼后，受尽了百般折磨，最后惨遭杀害。田仓库曾祖父被杀害后，敌人在死尸上安装了一连串揭开盖的手榴弹，其祖父夜里去收尸时，刚把尸体抱起来，手榴弹连声爆炸，连人带尸体炸得粉碎。南上村一个站岗民兵，被抓进炮楼后，活活用烧红火柱烙死。一个无辜群众被抓去后，问他叫什么名字，他说“民民”，敌人误听成“民兵”，当即枪杀。1943年冬大“扫荡”的时候，阳北县到阳南县政府送公粮返回来的18名干部群众，被风神庙的日军连人带牲畜从白龙山抓回来，关在几间房子里面，全部双手被捆，双眼被白毛巾蒙住，一个个被推到杀人场上刺死。

**火烧槐庄** 槐庄村，隶属于山西沁水县端氏镇，位于沁河北岸，曲辉公路132公里处，因村中有棵古槐树而得名。1943年10月27日，日军“扫荡”了槐庄，将男女老少56人赶到了窑院，用乱石垒门，在窑口点燃柴草，顿时烈火熊熊，浓烟滚滚，窑内哭声连天。有三个人冲出来，也被敌人刺死。又有十几个人冲出来，也被打死。后日军又烧房12间。这些遇难者中间，有的三代同亡，有的父子同尽，有的灭门绝户。

**郎必、西良惨案** 1943年9月26日，日军在郎必一带扫荡，南郎村农民崔志身目睹了当时的惨案，用板话的形式，真实地记载了日军的暴行。

四三年，九月二十六，鬼子在南阁边。
南郎有个都守印，被鬼子杀在南阁底。
鬼子回头往沟进，大岩沟里去杀人。
杀死周苗她妈海星娘，又杀超岚他父亲。
圪码坪杀死常文奇，下到河滩到窝底。
刺刀戳死双正娘，怒气冲冲到西郎。
抓住道士秃元堂，按到井里把命丧。
东郎有个常老头，如常好编顺口溜。
他说：“吃好点，穿烂些，鬼子来了跑慢些。”
那天他在宫门口，看见日军慢慢走。
日军瞅见开了枪，跌倒就把命来丧。
南郎有个崔寓秀，躲兵跑在枣棋沟。
他家共有四口人，就有三个杀了头。
崔寓礼盒崔寓珠，兄弟两家全捉住。
两家共有八口人，就有七口丧了命。
丢下小米一个人，差点一同被杀尽。
上头院，崔景和，杀了他妈和老婆。
两个女儿刺刀戳，假装死了留活命。
上头院，崔静增，把他杀在沟洼根。
他的叔叔崔超蒙，神沟圪洞丧了生。
圪洞有个崔斗印，口口不离叫“太君”。
带上路，往南走，刘村河滩杀了头。
西郎南郎咱不讲，回头再说河南庄。
抓人赶牛又奸淫，那个妇女都记清。
黑夜住在西郎村，鬼子害人更残忍。
崔景仁，张洪俊，按进茅坑送了命。

东郎王五和管旺，杀在西郎街上。
西郎抓住田礼伦，头朝下死在水缸内。
鬼子又从王壁返，当天还住西郎村。
河西抓住郭锦秀，推下沁河丧了命。
王晓庆，没跑掉，吊在树上用火烧。
风文、风高、石义、郭景焕，都被按在茅里边。
鬼子杀人数不尽，血泪冤仇永记心。

这样一首通俗易懂的板话，用最简单也最质朴的语言描述了日本侵略者在沁河流域所犯下的滔天罪行。那些手无寸铁的百姓，他们所期望的不过是和平中的安居乐业，却在那个动荡的年代里，在战争的裹挟下，成为日本侵略者屠刀下的牺牲品。

这样一幕一幕的惨案，只是太岳战场上惨案的冰山一角，还有中乡惨案、血洗龙渠沟、大坪惨案、西南村惨案，等等，这一次次惨绝人寰的惨案，无一不是日军在沁河流域犯下的罪行。

### 4. 难忘太岳战场

太岳战场上那些激动人心的抗日运动，随着新中国胜利号角的吹响，随着中华人民共和国的建立，那段扣人心弦的战争往事看似在岁月的车轮中渐行渐远，实则并非如此，那段沉重的历史永远不曾走出我们的视野，它是沁河流域，乃至全中国人民共同的岁月记忆，它以不同形式存在着，留在我们的记忆里，心里！

**（1）太岳烈士陵园**

纪念烈士，纪念战争岁月一个典型的形式就是建立烈士陵园。为了纪念太岳战场风起云涌的抗日运动，沁河人民建立了很多烈士陵园，如晋城、陵川、沁水、阳城等，都建有烈士陵园，最为著名的还是阳城县的太岳烈士陵园。

太岳烈士陵园

“清明时节雨纷纷，路上行人欲断魂。”每当到了清明节的前后，人们在细雨纷纷中纪念祖先的同时，同样没有忘记那些曾经用生命换来民族独立的革命烈士。2015年4月初，我们首次来到山西省阳城县太岳烈士陵园，想身临其境的感受这些为国家、为民族牺牲的烈士精魂。

太岳烈士陵园坐落在阳城县凤凰西街59号，原为城隍庙的旧址，后来为了纪念八年抗日战争和解放战争的胜利，悼念在战争中壮烈牺牲的革命烈士，在1949年由太岳区党委、太岳行署、太岳军区以及阳城县党政机关、群众团体联合监工修造了太岳烈士陵园。

这座烈士陵园的主体建筑是烈士纪念楼、烈士纪念亭和烈士纪念塔。平面呈长方形，南北长198米，东西宽平均59米，总面积为14200平方米。陵园正门上方有薄一波同志题写的“太岳烈士陵园”六个端庄有力的大字。烈士纪念楼是陵园的主体建筑之一，额头上有书法家田春霆书写的

烈士陵园中的烈士亭

“烈士纪念楼”五个大字，苍劲有力。纪念楼原为三间土木结构，在1979年改建成为钢筋混凝土结构，现为展厅。紧挨着展厅西面的几间房屋是抗日军民对敌斗争及烈士遗迹陈列室，这里的一文一字一物，都讴歌着抗战同志为民族解放事业不惜牺牲生命的壮举，尤其是在日军的“三光”政策、铁壁合围等战斗中牺牲的同志最多。再往里面走，通往后院的有三个门，中间为正门，登上六级台阶，迎面而来的就是庄严壮观的烈士纪念亭，亭的平面为五角星式，象征着革命，亭中有五角碑一幢，正面为碑面的题字，其余各面有碑文、有名人题字，还有那些为革命牺牲的127名烈士的名字。再向前走，便是巍峨的烈士纪念塔，塔高20米，五角形八层，象征着中国共产党领导下的八年抗战的伟大胜利。塔外壁均有石碑，正面写着“八年抗战阳城死难烈士纪念塔”。塔的两侧，松柏林立，一个个坟冢错落着，一束束白花凝重地躺在墓碑前，令人崇敬、缅怀之情油然而生。虽然这里只有太岳战场上牺牲烈士中的一小部分，但却是太岳战场抗日运动的缩影。这一座座墓碑，在刚下过雨的早晨略微湿冷，却因为埋下的英魂让人热血沸腾，太岳战场的激烈场面，一个个鲜活的战士，顿时浮现在眼前……

**（2）烈士命名村名**

1946年，阳城县人民政府为了纪念在抗日战争中英勇牺牲的烈士，曾以他们的光辉名字给有关乡村命名。这种命名的方式是一种永恒的追念，每当我们叫起某某村落的名字，似乎就是在呼唤着曾经为民族牺牲的烈士们的名字。

**永盛村**　1939年12月，原阳城县五区区长王永盛回家（西河王曲村）探亲时，被特务杨法盛等抓捕，虽经百般拷打，王永盛同志宁死不屈，被阎军孙楚部扣压了4个月后杀害于东交，时年26岁。为了纪念在“十二月事变”中死难的烈士，王永盛的名字被永远铭刻在阳城县“太岳烈士陵园”烈士塔的石碑上，并将其原籍王曲村命名为永盛村。

**五瑞村**　1939年“十二月事变”中，八路军晋豫边游击支队（唐支队）新兵连连长宋五瑞（阳城县台头东樊人），被阎军孙楚部杀害于阳城城北，为了纪念，曾将东樊村改为五瑞村。

**显民村**　1942年1月30日，阳城县抗日民主政府在桑林村成立。农历正月初四，天刚刚亮，太岳支队十七团和县大队合力攻打盘踞在黑龙庙一带的马博民（西府）部，在对桥腰村北山头（柏底头）战斗中，十七团三营教导员、红军刘显民同志不幸中弹牺牲，西交（黑龙）村曾被命名为显民村。

**延璋村**　1942年5月，日军进行大规模的“扫荡”。阳北抗日政府行政办事处主任程延璋（阳城北留人）被特务头子孟光恒勾结沁水的敌人残余势力杀害于南宜固白龙山一带，时年35岁。同时遇害的还有工作队队长季景波、三区区长李登赢同志，北留曾被命名为延璋村。

这样的村落还有很多，不再一一罗列。一种用烈士命名村落的方式，表达了我们对烈士的纪念。虽然这些村落的名字在1958年恢复了原名，其存在的时间并不是很长，但在村志上，肯定留下了它的痕迹，这种后来人缅怀烈士的方式，承载的是我们对那段历史的记忆。

**（3）晋豫边抗日纪念馆**

山西省各地建立的抗日纪念馆数不胜数，却有一个特殊的纪念馆，它不是国家、政府主办的，而是完全由私人收集并且对外开放的一个革命纪念馆，它就是“晋豫边抗日纪念馆”。

晋豫边区地处黄河以北，曲晋公路以南，同蒲铁路以东，高博公路以西地区，是太岳、太行区的屏障，又是华北解放区通向陕甘宁和中原地区的门户，战略地位十分重要。1938年3月，中共晋豫特委在阳城县建立八路军晋豫边区游击队（后改为游击支队），唐天际任司令员。下旬，晋豫特委和游击队南下豫北济源。广大青年农民踊跃参军，部队迅速发展到7个大队3000余人，成为开辟晋豫边抗日根据地的一支主要军事力量。游击支队建立后，积极配合友军和八路军主力部队开展晋豫边区的敌后游击战争，连续取得了王屋伏击战、攻克山西绛县县城和南樊镇等战斗的胜利。9月，开辟阳城、济源、孟县交界地区。同时晋豫边游击支队帮助地方党组织宣传发动群众，在全区普遍建立了农救会、青救会等群众组织，在一些群众基础好的地区开展了减租减息、合理负担、反贪污、反摊派和借粮斗争。1939年2月，八路军晋豫边游击支队与三四四旅六八七团合编为一二九师新一旅，中共晋豫特委改为晋豫地委。至此，以济源北部、阳城南部为中心的晋豫边抗日游击根据地逐步形成。1940年1月，晋豫地委升级为晋豫区党委。后来，晋豫边区成为太岳抗日根据地的一个组成部分。

70年前，飘扬在这片土地上鲜红的旗帜，冲锋陷阵在这里的将士身影，是这片土地上不可磨灭的印记。革命先烈和老区人民，血肉相连、同仇敌忾、前仆后继、英勇杀敌的壮举和精神，依然是这片土地上不朽的丰碑。当时间的车轮驶入21世纪的时候，这片土地上的人们，更加深刻地感到那段历史的光荣和宝贵，更加深刻地感到应当自觉地、很好地搜集、保护和珍藏这一光辉的历史遗迹，让那些英雄的事迹、英雄的精神、光辉的榜样、光荣的传统，在新的时代得到进一步的弘扬。正是如此，一些曾经在这里工作和战斗过的老前辈和对这段历史充满深情的人们，怀着一种美好的愿望和强烈的责任感，开始了辛勤的奔波和操劳。

为了让这段光辉的革命史实不被岁月的尘埃掩埋，为了让更多的后人记住革命先辈抛头颅、洒热血的英勇事迹，横河镇70多岁的老教师张茂银多年来致力于对历史资料的搜集和整理。数次南下北上，寻找并探访了数十位仍然健在的老一辈革命家，进行口述史工作。为了寻找老一辈革命家的足迹，收集整理他们的回忆文章和照片，花光了多年的积蓄。就在张茂银焦急无助的时候，他遇上了在外工作的同乡郝海龙。郝海龙是个退休工人，原在晶鑫公司上班，他被张茂银深爱家乡，历经艰辛收集保存历史资料的行为而感动，打趣地问："当年晋豫边的最高领导现在谁还健在？"

张老师说："聂真书记。"他开玩笑说："只要你能让聂书记题写馆名，我马上和你一起办纪念馆。"办馆心切的张茂银老师把一句戏言当真了。他三次下洛阳，征求高锦明的意见，两次上北京找聂真题写馆名。硬是凭着一份诚心打动了老领导，聂真书记带病为这位执着的老区人题写了"晋豫边抗日纪念馆"的馆名。

在他们共同创建晋豫边抗日纪念馆的过程中，这两位普通的教师和工作人员，凭着对历史特有的热爱和尊重，凭着对革命先烈们的缅怀和崇敬，倾注了他们满腔的真诚。单靠个人的力量兴办起一个纪念馆，其难度不言而喻，不知不觉中，郝海龙把攒下的10万多元钱，一点点添进了纪念馆。困难的时候，妻子不忍心看着丈夫整天愁眉不展，就背着他悄悄从娘家人手里借来1万元以解燃眉之急。就这样，一位老教师，一个老工人，为了办晋豫边抗日纪念馆花光了所有积蓄。当然，他们的壮举，也得到了各级党委政府和社会各界的鼎力相助，在横河镇党委、政府和横河村的支持下，纪念馆终于落成，馆址在征询原晋豫边抗日游击队政治部主任高锦民和唐天际司令员夫人耿希贤建议后，设在横河镇。纪念馆总占地3500平方米，建筑面积1500平方米。共占房30间，制作版面250平方米，内容翔实，图文并茂，分6大部分在6个展厅展示，并增设纪念亭一座，玻璃文物柜30米，陈列珍贵文物900余件。馆内收藏了唐天际、李钟玄、戚怀培、徐克林、李超等革命老前辈的题词十余幅。

在沁河流域曾经发生的那段动荡岁月，作为后来者的我们，如何记忆那些烽火连天的故事？在这样一个快节奏的时代里，在一堆堆快餐文化的侵蚀下，我们怎样缅怀那些为中华民族流血牺牲的先烈们？烈士陵园、纪念馆等给我们的记忆提供了这样一个载体。每当我们在飘着小雨的清明时节，伫立在太岳烈士陵园的中央，注目着为纪念先烈们而建立的纪念塔，追念先烈的缅怀之心、崇敬之情油然而生。那些为了缅怀历史、缅怀革命先烈，积极收集资料、建立展馆、教育后代的人们，付出的不仅仅是金钱，更多的是倾注了对那段岁月的追念，以及唤起更多人关注那段历史，缅怀那段动荡的岁月。

# 主要参考文献

1. [春秋]左丘明. 左传. 郭丹，程小青，李彬源译. 北京:中华书局，2012.

2. [西汉]司马迁. 史记. 北京:中华书局，1962.

3. [西汉]刘向考订. 战国策. 缪文远，罗永莲，缪伟译注. 北京:中华书局，2006.

4. [东汉]班固. 汉书. 北京:中华书局，1962.

5. [北魏]郦道元. 水经注疏. 陈桥驿等校. 南京:江苏古籍出版社，1989.

6. [唐]房玄龄等. 晋书. 北京:中华书局，1974.

7. [北宋]司马光. 资治通鉴. 北京:中华书局，2007.

8. [元]脱脱等撰. 宋史. 北京:中华书局，1997.

9. [元]郝经. 陵川集. 长春:吉林出版集团有限责任公司，2005.

10. [明]顾炎武. 肇域志 · 山西. 上海:上海古籍出版社，2004.

11. [明]戴笠. 怀陵流寇始终录. 沈阳:辽沈书社，1993.

12. [清]张廷玉等撰. 明史. 北京:中华书局，1974.

13. 王连成主编. 潞安府志（万历）. 太原:山西古籍出版社，2006.

14. [清]赵尔巽等撰. 清史稿. 北京:中华书局，1977.

15. [清]顾祖禹. 读史方舆纪要. 北京:中华书局，1995.

16. [清]毕沅. 续资治通鉴. 上海:上海古籍出版社，1987.

17. [清]徐松. 宋会要辑稿，上海:上海古籍出版社，2014.

18. [清]朱樟等. 泽州府志（雍正）. 太原:山西古籍出版社，2001.

19. 田同旭，马艳主编. 沁水县志三种. 太原:山西人民出版社，2009.

20. [清]赖昌期等. 阳城县志（同治）. 台北:成文出版社，1976.

21. 文战胜等. 高平县志（同治）. 太原:山西人民出版社，2010.

22. [清]穆彰阿等. 大清一统志（嘉庆）. 上海:上海古籍出版社，2008.

23. [清]王轩等纂修:山西通志（光绪）. 北京:中华书局，1990.

24. 阳城县地方志办编. 阳城县乡土志. 太原:三晋出版社，2009.

25. 阳城县地方志办编. 阳城县金石志. 太原:三晋出版社，2009.

26. 靳生禾，谢鸿喜. 长平之战:中国古代最大战争之研究. 太原:山西人民出版社，1998.

27. 王树新等. 战国长平之战新考. 北京:军事科学出版社，2007.

28. 台湾三军大学编. 中国历代战争史. 北京:中信出版社，2013.

29. 张斌，周晓冬，杨北帆. 中国古代建筑精粹:民间古堡. 北京:中国建筑工业出版社，2012.

30. 顾诚. 明末农民战争史. 北京:光明日报出版社，2012.

31. 乔欣主编. 历史名人与泽州:英才・商贾・义士・释道卷. 太原:山西人民出版社，2004.

32. 辞海编辑委员会编. 辞海. 上海:上海辞书出版社，1980.

33. 李秋香，楼庆西，陈志华. 郭峪村. 石家庄:河北教育出版社，2004.

34. 康吉仁. 晋城大讲堂. 太原:山西人民出版社，2009.

35. 田同旭，马艳主编. 沁水历代文存. 太原:山西人民出版社，2005.

36. 焦作黄河河务局编. 沁河志. 郑州:黄河水利出版社，2009.

37. 王小圣编. 阳城史话. 太原:三晋出版社，2010.

38. 温小国主编. 走进沁河. 郑州:黄河水利出版社，2008.

39. 刘泽民等主编. 山西通史. 太原:山西人民出版社，2001.

40. 乔志强主编. 山西通史. 北京:中华书局，1997.

41. 安泽县志编纂委员会编. 安泽县志. 太原:山西人民出版社，1997.

42. 高平县志编委会编. 高平县志. 北京:中国地图出版社，1992.

43. 晋城市地方志编纂委员会编. 晋城市志. 北京:中华书局，1999.

44. 晋城县志编纂委员会编. 晋城县志. 太原:山西古籍出版社，1999.

45. 彭守忠，成根同主编. 南岭乡志. 太原:山西人民出版社，2005.

46. 沁水县志编纂办公室编. 沁水县志. 太原:山西人民出版社，1987.

47. 乔志强编. 义和团在山西地区史料. 太原:山西人民出版社，1980.

48. 山西省史志研究院编. 山西通志・军事志. 北京:中华书局，1997.

49. 阳城县志编纂委员会编. 阳城县志. 北京:海潮出版社，1994.

50. 阳城县河北镇南梁城荒年碑记.

51. 曾国荃. 曾国荃全集・奏疏（第一册）. 长沙:岳麓书社，2006.

52.政协陵川县委员会文史资料研究委员会.陵川文史资料（第一辑），1987.

53.政协陵川县委员会文史资料研究委员会.陵川文史资料（第二辑），1900.

54. 政协陵川县委员会文史资料研究委员会. 陵川文史资料（第三辑）.

55.政协阳城县委员会文史资料研究委员会.阳城文史资料（第二辑），1988.

56. 政协山西省阳城县文史资料研究委员会编. 阳城文史资料5.

57. 政协山西省阳城县文史资料研究委员会编. 阳城文史资料7.

58. 政协山西省阳城县文史资料研究委员会编. 阳城文史资料8.

59. 山西文史资料编辑部. 山西省文史资料全编・第二卷. 1993.

60. 山西文史资料编辑部. 山西省文史资料全编・第四卷. 1993.

61. 中共山西省委党史研究室编. 太岳革命根据地纪事. 太原:山西人民出版社，1989.

# 写在结尾的话

2014年8月，山西大学与晋城市人民政府合作，共同在沁河流域开展了为期两周的田野考察，此次“沁河风韵”学术考察活动，也是山西大学有史以来首次开展多学科协同攻关的集体考察活动，来自于校内历史学、文学、考古学、旅游学、民俗学、政治学、生物学、教育学、体育、美术等学科的学者，共同在沁河这片场域之中开展田野考察活动。为期半个多月的考察活动，给我们留下了极为深刻的印象。考察归来，我们趁热打铁，连续举办了多场学术报告，同时从自身专业角度出发撰写书稿，以形成一套“沁河风韵”的系列丛书。

沁河流域是有着悠久历史与灿烂文化的一方热土，梳理沁河流域上下千年的历史，是作为一名历史学者的职责和义务。笔者选定以沁河流域的动荡岁月作为这次田野考察活动的一个成果，同时也是服务地方政府、服务社会的一个体现，下面我将就沁河流域上下千年之动荡历史脉络作一说明。

谈及沁河流域之动荡岁月，在本书的绪言中笔者已有所提及，拟将其划分为三个阶段：以战国时代之长平之战作为沁河流域最早发生的一场大的战事，到清末之前的古代历史，作为第一阶段，这一时段内沁河流域大致共发生三次比较大的战事，即战国时代长平之战，宋金时期太行忠义军助岳抗金斗争以及明末清初的农民起义之乱。其实在古代漫长的岁月中，在沁河流域曾发生过许许多多的战事，如王莽新朝光武帝刘秀追击铜马军，唐代藩镇割据之乱，五代晋汴之争，后周与北汉的高平大战，宋朝开国皇帝赵匡胤单骑独上高平关，明中期之刘六、刘七起义，清初的姜瓖之乱，等等。明代山西督学冯烶在明代《〈沁水县志〉序》一文中曾对沁水古代之战事稍有总结："重瞳以受尧禅，而三家用至晋君；燕丹之屯，不能抗秦，而白起、王离城之，竟以燕举；光武一至，能收铜马，而武穆七屯，遗恨金人"，并指出"则人能重地，亦能用地，非地之自能为用而可重也"，算作是对沁水古代历史的一个精辟总结。

第二阶段即晚清民国的动乱。一方面，和中国近代史的历程一样，清末随着中国整个局势的变化，沁河流域的历史演进是和时代脉搏的跃动相关联的。咸丰年间，太平天国、捻军战事接踵而来，此后又有义和团运动。民国时期，又爆发了蒋介石、阎锡山、冯玉祥等军阀的中原大战。虽然这些战事都未直接发生在沁河流域，但太平天国军北伐、捻军运动作战、义和团运动以及民国之中原大战，都对沁河流域产生了直接的影响，引起当地社会局势的动荡，使百姓的日常生活不时伴随着浓重的恐慌情绪。另一方面，作为地处内陆的一个相对封闭的空间，沁河流域的历史演进又具有其自身的轨迹可循。区域的历史固然是和整个时代的大趋势是相关的，但在具体的时空范围内又具有其自身的特点。和国家大的战争动乱不同，沁河流域此时极为明晰的一个特点即是"匪祸"和区域内的小规模抗争，如赵连城领导的"闹盐粮"事件，光绪初年因"丁戊奇荒"引发的"匪患"，阳城县章训十里农民反增赋事件，陈采彰领导的洪汉军的活动，这些事件均不同程度地加剧了沁河流域的动荡局势，甚或在某些时间和具体的地域内成为地方社会中最为重要的一个事件。总之，"战争"与"匪患"成为沁河流域之民众不得不时常面对的一个现实，这一时段之沁河流域，可谓是"兵匪两重天"。

第三阶段即是太岳战场上的全民抗日斗争。作为近代以来的一场民族战争，沁河流域所处的太岳抗日根据地在中华民族的全民抗战中发挥了十分重要的作用。在抗日战争期间，在太岳战场之上，同样发生了许多战争，如町店之战、董封之战、中条山战役、阳城围困战以及敌后民兵队乃至普通民众开展的一系列抗日活动。

与此同时，抗日战争作为全民族同仇敌忾的对外战争，在对战争的领导方面，在抗日战场之外尚存在“战外之战”。沁河流域的抗战是与抗日战争期间国共双方之关系变化密不可分的，围绕此点，在沁河流域便曾发生过轰动一时的“十二月事件”。

同时另外需要指出的是，自清末社会局势动荡以来便已发轫的“匪患”和一些宗教会社势力并未平息，而是长期成为当地社会的“毒瘤”，依旧不时发出不和谐的声音。沁河流域之内的“匪患”、反动会道门、红枪会依旧不时兴风作浪，给全民族的抗日斗争增添了一丝来自社会底层的复杂色彩。

总结沁河流域千年之动荡岁月，至少可以给我们提供以下三点启示：

第一，沁河流域在中国历史上的重要战略地位。其实在长达千年的历史长河中，直接发生在沁河流域的战事并不多见，长平之战主要发生在沁河支流之丹河流域，明清之际的农民起义虽然对沁河之袭扰颇重，但主要的战斗基本是围绕着沁河展开的，到了晚清民国，几次农民起义和战乱，诸如太平天国起义、捻军之乱、义和团运动和中原大战，其主要的发生地并非在沁河流域，到了抗日战争时期，沁河流域所处的太岳抗日根据地也只是中国诸多战场中的一个。因此，从这个角度出发来看，似乎沁河之战略地位并不抢眼。但我们认为，沁河流域的战略地位之真正体现，乃是其重要的战略通道和补给作用。

从长平之战时期开始，沁河流域便是秦军东向与赵军对峙的重要防线和战略物资的补给来源；宋金时期的太行忠义军助岳抗金的斗争，太行忠义军遥相呼应，配合岳家军的北伐行动；再到明清之际的农民战争，富庶繁华的沁河流域更是成为各路农民军频繁骚扰的地方。究其根本，除了沁河处在东西、南北交通通道的交会之处外，沁河流域的富庶也是“流贼”和“兵匪”频繁劫掠的一个重要原因。进入晚清，太平军、捻军接连过境，义和团运动，乃至中原大战后溃军退据沁河流域均表明沁河在战争中的重要战略通道地位。

第二，有关沁河流域之“匪患”问题。梳理沁河流域的历史，发现很重要的有关本土历史的一点便是沁河流域历史上严重的“匪患”问题，

“匪患”其实包含两种，一种是土匪草贼之患，另一种是兵匪之患。

“匪”字，和“流寇”一样，作为中国历史书写中极有特色的一些词汇，随便打开一部史籍或者地方文献，这样的字眼应该是不断出现，而且历朝历代均是如此。作为和正统力量相抗衡的一支力量，“匪寇”从来就是遭到历史书写唾弃的一类人，其实“匪”和“寇”尚有区别，“匪”往往是针对一个小区域之内的反动势力而言的，即地方上的土贼、土匪或者草贼之类的人群；“寇”则往往显示出其作乱范围之大，流动性之强，乃至于在文献中时常出现“流贼”、“流寇”这样的字眼，正因如此，在中国的传统历史中，“成王败寇”往往具有极大的感召力和说服力。

沁河流域的“匪患”亦是如此，如果站在明朝政府的角度把明末清初的农民军看作是“流寇”的话，在沁河过往之动荡岁月中，还有另外一类被称作是“匪”的人群。其实太行忠义军之前身，极有可能便是对抗北宋政府统治的“匪”，只是因为他们帮助南宋抗金，转而摇身一变，成为国家眼中的“忠义”之军。明末清初的农民军自不必说，虽然像王嘉胤、王自用、李自成这样的农民军给沁河带来了极大的影响，但其过后，随着早已失序的社会局势，使得本土的“匪患”势力必定大作，因此清初才有了震动三晋的“姜瓖之乱”，晚清以来则有了反动会道门红枪会组织、陈采彰领导的洪汉军活动等等，许多在官方看来是“匪”之行为的一些活动，“匪”作为一种势力一直存在于沁河流域，抗日战争时期乃至新中国成立前夕仍有剿匪作战，可以说，“匪患”作为一种破坏势力，其对沁河流域社会局势之影响与之前的战争动乱相比，可谓是不相上下。

就匪患产生的情况来看，战争、瘟疫与灾荒可谓是传统时期地方匪患产生的三大因素，且彼此之间具有千丝万缕之关系。此外，因反抗政府的腐败统治和逃避残酷的徭役剥削则是中国历史上“匪患”长期不绝的深层次原因。以沁河流域的情况来看，因动乱而产生的匪患上文已有述及，兹不赘叙。光绪年间的丁戊奇荒是造成晚清以来沁河“匪患”日益严重的一个重要因素；阳城县章训十里农民反增赋事件、赵连城领导的“闹盐粮”行动则是因百姓反抗徭役而成为官方眼中之“匪”的事件。

站在寻常百姓的角度上来考虑，这些“匪”之来源，有许多不过是被逼无奈之举。除此之外，不仅仅这些“贼寇”可以称为“匪”，还有一种“兵匪”，他们烧杀抢掠、杀良民以冒军功之事件，可谓是屡见不鲜，史籍记载更是比比皆是，由此给沁河流域之民众带来比“贼”、“寇”这些人群远为深重的苦难，使人不得不发出“兴，百姓苦；亡，百姓苦”的感叹。

第三，沁河流域民众面对动荡之态度问题。沁河流域地处内陆，周遭地形较为封闭，地理单元上的相对闭塞，一方面导致本地民风彪悍，另一方面则具有浓厚的“忠义”性格。从宋金时期的助岳抗金到明清之际堡寨成群而立，再到近代以来的一系列抗捐税斗争，最后到抗日战争时期组织民兵队抵御外敌，普通民众也积极参与其中，形成全民抗战之氛围，都充分体现出沁河儿女不畏强权、不甘平庸、爱慕忠义的性格。由此，面对来自农民军的袭扰，能够筑堡自卫；面对来自外敌的入侵，能够开展积极的武装斗争，这种性格是历史证明的结果，同时也是沁河民众汲取历史经验教训的智慧总结。

作为沁河过往之苦难记忆，我们在今日之美景之中不应忘却，往事近千年，希望明日之沁河更加美好！

最后，在本书的撰写过程中，也多次前往晋城市、沁水县、阳城县、高平县进行调查，得到了梁云辉、郭向阳、王扎根、王家胜等地方人士的帮助，并参考了当地文人撰写的文史资料，学生董嘉瑜、韩强强、刘茵、孙国良、侯亚鹏、张玮等在资料搜集、整理和校对方面提供了很多帮助，特别是靳生禾、田同旭两位先生在百忙中审阅了书稿，在此一并表示谢忱！